AF465902

R. 1449.
5.

6334

DISCOURS
SUR
L'UTILITÉ DES VOYAGES DES PRINCES.

. . . . Ce sont les Souverains
Qui font le caractère & les mœurs des Humains.

Epit. de VOLT. *à l'Imp. des Russies.*

BIBLIOTHÈQUE NA

CATHERINE I.
Impératrice des Russies

PREMIER DISCOURS
SUR L'UTILITÉ
ET LES AVANTAGES

QUE LES PRINCES PEUVENT RETIRER DE LEURS VOYAGES en parcourant les Monumens Publics de tous les genres;

CONTENANT également un coup-d'œil ſur tous les Etabliſſemens formés par l'IMPÉRATRICE CATHERINE II. dans ſon Empire, & la Deſcription d'un Monument Public projetté à la gloire de cette Grande Souveraine.

DÉDIÉ

A L'ACADÉMIE IMPÉRIALE DES SCIENCES

DE SAINT-PÉTERSBOURG,

PAR M. l'Abbé DE LUBERSAC, Abbé de Noirlac & Prieur de Brive.

A SAINT-PÉTERSBOURG,

Et ſe trouve A PARIS,

Chez GUILLOT, Libraire de MONSIEUR Frere du ROI, rue de la Harpe.

M. DCC. LXXXII.

A

SON ALTESSE IMPÉRIALE

MONSEIGNEUR

LE GRAND-DUC DES RUSSIES.

MONSEIGNEUR,

Un Prince tel que vous, destiné par droit de naissance à paroître un jour sur l'un des plus beaux Trônes du Monde, ne peut ignorer quels ont été les plus grands Souverains qui ne régnerent sur leurs Peuples que pour les rendre heureux; & avant que Votre Altesse Impériale *ne fût sortie des vastes Etats de la Russie, pour aller juger par Elle-même de la célébrité des Empires du Midi de l'Europe, elle avoit sans doute déjà contemplé dans les Historiens de sa Nation, la mémoire du plus grand des Souverains qui peut-être ait jamais paru sur le Globe, dans la Personne du Czar, surnommé à juste titre* Pierre-le-Grand, *Monarque qui donna l'existence & la vie morale à une Contrée immense, mais inculte, barbare & nulle, pour ainsi dire, avant lui, & la mit dans un clin-d'œil presqu'au niveau des Puissances les mieux policées de l'Europe.* *

(*) Voyez l'Article Russie & Pétersbourg dans l'Ouvrage intitulé, *Discours sur les Monumens Publics, dédié au Roi, &c.*

Mais, Monseigneur, en vous rapprochant, ou plutôt en vous fixant à l'aurore de votre existence même, vous jouissez du bonheur le plus accompli, celui d'avoir sous les yeux une sublime & intéressante leçon, toujours agissante pour la félicité d'un Peuple immense, dans la Personne de Catherine IIe. *votre Auguste Mere. Eh! quel modèle plus parfait pour un Prince tel que vous, encore au printems de l'âge!*

Oui, Monseigneur, toutes les parties du Monde retentissent de la haute renommée de cette grande Impératrice: ses vertus patriotiques, ses talens supérieurs dans la sage administration de ses Etats, ses succès prodigieux, inconcevables même dans tout ce qu'elle a entrepris, ont étonné l'Univers. La France, Emule de l'antique Grèce, dont la Capitale surpasse en tous les genres la fameuse Athènes, est à juste titre considérée depuis deux siécles comme un foyer ardent d'où partent des rayons de lumiere qui vont éclairer la raison des Peuples les plus éloignés & les plus sauvages; & cette immense Cité se glorifiera à jamais d'avoir été jugée telle par le Czar Pierre-le-Grand; *cette même Capitale, dis-je, est aujourd'hui justement frappée de l'éclat & du beau Regne de cette célèbre Impératrice* Catherine II. *votre Auguste Mere.*

A l'exemple de Pierre-le-Grand *votre Bisayeul, je dirai plus, à celui des autres Princes du Nord vos Contemporains, vous sortez de vos Etats pour aller recueillir chez les différens Peuples les connoissances qui peuvent encore n'être pas germées parmi les vôtres. Mais, Monseigneur, vous arrivez en France ſous de plus heureux auſpices que le* Czar Pierre-le-Grand. *La Ruſſie, encore inculte ſous cet Homme extraordinaire, lui oppoſa de grandes difficultés, puiſqu'il eut à combattre la rigueur du climat, l'âpreté de la Nature, la rudeſſe & les préjugés de l'homme ſon Sujet alors eſclave : vous ne les éprouverez point ces difficultés ;* CATHERINE *II. a poſé la derniere pierre de ce grand Edifice que le Czar avoit établi ſur les Rochers de l'immortalité ; ſous ſon Adminiſtration, la nuit des préjugés s'eſt éclipſée, & le jour de la raiſon qu'Elle a fait luire ſur ſes Etats fera bientôt mûrir dans les eſprits les nouvelles connoiſſances qui deviendront dans peu le fruit heureux de vos Voyages.*

Mais, MONSEIGNEUR, *un avantage bien plus précieux, & intéreſſant à votre Cour, & que n'eut pas* Pierre-le-Grand *ni les Princes du Nord qui vous ont précédés dans la nôtre, c'eſt celui de parcourir l'Europe avec une Compagne aimable que vous chériſſez, douée de toutes les vertus, de toutes les graces de ſon Sexe & de toute l'énergie du vôtre ; faite pour intéreſſer & adoucir les fatigues de vos courſes pénibles.*

Vos ALTESSES IMPÉRIALES *ſe trouvent maintenant dans une Cour nombreuſe, brillante, jeune & riante ; les Auguſtes Princes & Princeſſes du Sang Royal qui la compoſent, vous paroîtront ſans doute le modèle & l'exemple le plus parfait de la tendreſſe conjugale, de la bonté, de l'affabilité, & ſur-tout de la bienfaiſance envers des Peuples ſoumis & inviolablement attachés à leurs Maîtres : tous ces caractères, dis-je, ne sont-ils pas pour* VOS ALTESSES IMPÉRIALES *le présage le plus heureux du même bonheur qui vous attend un jour sur le Trône de toutes les Russies?*

Recevez, ô PRINCE *magnanime, dans ma Patrie même, l'hommage de mes travaux littéraires! vous & votre Auguste Epouse me les avez inspirés: la narration simple & fidele, quoique rapide, de vos courses utiles dans l'intérieur de nos Monumens Publics & de Génie, instruira mes Concitoyens & les vôtres de vos actions parmi nous: la Postérité présente & future sçaura au moins qu'un des Descendans du* Czar Pierre *vint comme lui honorer de son auguste présence la Nation la plus éclairée de l'Univers.*

Puisse enfin VOTRE ALTESSE IMPÉRIALE *trouver cet hommage digne d'Elle: il lui est offert, ainsi qu'aux Savans de sa Capitale, par un Noble Français qui, s'il n'avoit pas le bonheur d'être né Sujet d'un Maître adoré de ses Peuples, eût ambitionné de vivre sous les Loix de* CATHERINE II. *votre Auguste Mere; & qui ose se dire avec le plus profond repect,*

DE VOTRE ALTESSE IMPÉRIALE,

MONSEIGNEUR,

Le très-humble & très-obéissant Serviteur,
L'ABBÉ DE LUBERSAC.

INTRODUCTION

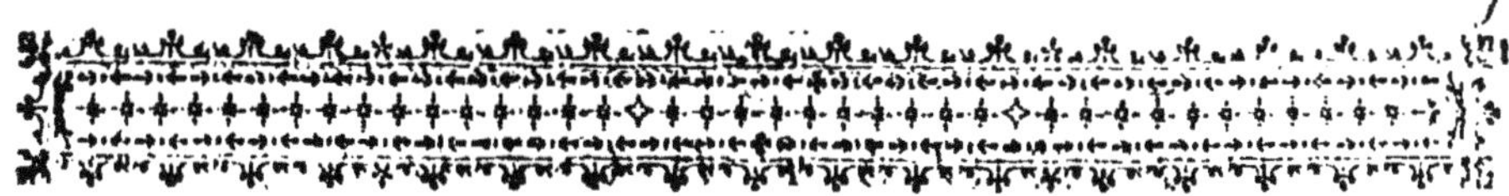

HOMMAGE LITTÉRAIRE

D'UN NOBLE CITOYEN FRANÇAIS

AUX SOUVERAINS DU NORD.

Présenté au Roi, à la Reine & à la Famille Royale.

PREMIER DISCOURS,

SUR l'utilité & les avantages que les Princes peuvent retirer de leurs Voyages, en parcourant les Monumens Publics dans tous les genres :

CONTENANT également un Coup-d'œil sur tous les Etablissemens formés par l'Impératrice CATHERINE II dans son Empire ; & terminé par la Description d'un Monument Public projetté à la Gloire de cette grande Souveraine.

SECOND DISCOURS,

SUR les Voyages en France du Czar PIERRE I, des ROIS de Suéde & de Dannemarck, de l'Empereur JOSEPH II, de Leurs AA. II. le GRAND-DUC & la GRANDE-DUCHESSE des Russies ; terminé par la Réception qui leur a été faite à la Cour de Versailles, chez les Princes du Sang de France & dans la Capitale.

Ces deux Discours, dédiés à l'Académie des Sciences de Saint-Pétersbourg, sont précédés d'une Epitre de l'Auteur à S. A. I. Mgr le GRAND-DUC des Russies, & d'un Avertissement Historique & Politique sur l'Empire des Russies ; Morceau très-intéressant.

PAR M. L'ABBÉ DE LUBERSAC.

PROSPECTUS
DE L'ÉDITEUR DE CET OUVRAGE,

(*Le Sieur* GUILLOT, *Libraire de* MONSIEUR FRERE DU ROI, *rue de la Harpe*).

LA publicité & la réputation d'un premier Ouvrage de M. l'Abbé de Luberſac, *ſur les Monumens Publics de tous les Ages du Monde*, &c. dédié au Roi LOUIS XVI, dès l'inſtant de ſon avénement à la Couronne, & imprimé par ſes ordres au Louvre, nous diſpenſe de renouveller ici l'éloge qu'en firent, lorſqu'il parut, toutes les Puiſſances & les Cours de l'Europe, auxquelles cet Ouvrage fut envoyé de la part du Roi, les Académies Nationales & Etrangeres, les Papiers publics, & ſur-tout les Gens de Lettres & de goût. La belle Approbation donnée à cet Ouvrage par le Cenſeur Royal, feu M. Capperonnier, Garde de la Bibliothéque du Roi, Sçavant dont la mémoire ſera toujours chere dans l'Empire des Lettres, ſuffira ſeule pour établir à jamais une réputation ſolide à cet Ouvrage. » Nous ne pouvons, dit M. Capperonnier, nous » empêcher d'admirer dans cet Ouvrage, la belle diſtribution, la méthode & la » rapidité du ſtyle. On n'a pas renfermé dans moins d'eſpace, autant de grands » objets, auſſi précieux par la beauté des formes que par la juſteſſe des propor- » tions; & par-tout éclatent, avec un noble enthouſiaſme, les ſentimens ver- » tueux & patriotiques d'un Citoyen eſtimable.

» Quant à ce qui concerne le *Monument conſacré à la Gloire du* ROI *& de* » *la France*, ingénieuſement & ſçavamment imaginé par le même Auteur, il » m'a paru que tous les Cœurs François votoient avec tranſport pour l'exécution » d'un ſi magnifique Projet. A Paris, ce 21 Janvier 1775.

» *Signé* CAPPERONNIER, *Cenſeur Royal, Garde* » *de la Bibliothéque du* ROI ».

NOUS annonçons aujourd'hui qu'ayant fait l'acquiſition des Planches en cuivre à l'eau-forte du Monument Public conſacré à la Gloire du ROI regnant, celle du beau Frontiſpice exécutée au Burin, allégorique ſur le Sacre du ROI, & autres qui ſeulement ſont & font partie de l'Ouvrage imprimé au Louvre. Nous avons également acquis le Privilége & les Exemplaires reſtans de deux éditions premieres de cet Ouvrage, avec pouvoir, par conſéquent, de faire une troiſième édition; ce que nous exécutons actuellement à nos frais, avec des augmentations par le même Auteur.

Nous donnons, en même tems, avis que nous ſommes chargés de l'édition *in*-4°. des deux Diſcours dont nous venons d'annoncer les Titres, & qui ont pour Frontispice le Buste de Sa Majesté Impériale des Russies CATHERINE II, gravé par M. Gaucher, d'après le Buste qu'en a fait M. Oudon, & le Dessin de M. Greuse.

Les Titres seuls de ces deux Discours annoncent combien ils seront intéressans à lire; d'ailleurs, le Public Littéraire les jugera : mais ce qui toujours doit prévenir en faveur de l'Auteur, c'est de n'avoir rien hazardé à l'impression, selon son usage, qu'auparavant il n'ait eu le suffrage des grands Personnages qui y sont nommés & de quelques Sçavans connus; il ose même se flatter de l'avoir obtenu au-delà de ses espérances. Deux extraits de Lettres qui lui ont été adressées, l'une par M. le Comte de Buffon, & l'autre par le Censeur Royal M. l'Abbé Guyot (que l'Auteur n'avoit point encore l'honneur de connoître personnellement), qui a censuré & approuvé son Ouvrage, suffiront pour en donner la preuve.

LETTRE DE M. LE COMTE DE BUFFON A M. L'ABBÉ DE LUBERSAC,

EN date du 15 Avril 1782. Jardin du Roi.

CETTE Lettre n'est relative qu'au premier Discours, qui même n'étoit alors qu'ébauché. Le deuxième Discours n'étoit point encore imaginé, puisque M. *le Comte* & Mme *la Comtesse du Nord* n'étoient point à Paris à cette époque.

M.

» J'AI l'honneur de vous renvoyer le beau Projet de votre superbe Monument » de l'Impératrice des Russies (1) & tous les Papiers de correspondance avec Sa » Majesté Impériale & Princes de sa Cour, que vous avez eu la bonté de me » confier. Votre Discours, dédié à l'Académie des Sciences de Péterßbourg, » contenant l'Eloge de CATHERINE II, grande Souveraine des Russies, » m'a fait le plus grand plaisir : il est très-bien écrit & noblement pensé. Recevez tous mes remercimens, M. & les assurances de l'attachement & du respect, &c. *Signé*, LE COMTE DE BUFFON ».

EXTRAIT d'une Lettre de M. l'Abbé GUYOT, Censeur Royal, à M. l'Abbé DE LUBERSAC.

» LA Censure, Monsieur l'Abbé, ne m'a jamais donné de plus agréables » momens que ceux que je viens d'employer à vous lire. Vos descriptions sont » charmantes, pleines d'âme, de feu, & semées d'images les plus brillantes » Le Patriotisme s'y peint, d'ailleurs, à grands traits, &c. &c. &c ».

---

(1) *M. l'Abbé de Lubersac avoit fait transporter chez M. le Comte de Buffon le beau Dessin colorié & sous glace de ce Monument Public.*

En effet, l'on peut assurer que jamais Ouvrage n'a renfermé plus d'idées patriotiques que celui-ci, présentées avec toute l'énergie & la noblesse qui décèlent que l'Auteur est un noble & bon Citoyen, inviolablement attaché à la gloire de ses augustes Maîtres & à celle de sa Patrie; n'ayant d'ailleurs pour but dans ses Ecrits que de contribuer au bonheur des Peuples, en présentant sans cesse aux Souverains des Maximes de Patriotisme, fondées sur la raison & la vertu.

L'Approbation du Censeur Royal est terminée en ces termes : » Cet Ouvrage, intéressant par son objet, le devient doublement par le mérite & la réputation de l'Auteur ».

De tels suffrages ne sont-ils pas faits pour assurer un succès marqué à l'Auteur, dont les productions ne respireront jamais que la modestie, les principes de l'honneur, toujours réversibles au bien de ses Concitoyens, & particulierement encore ceux d'un désintéressement marqué? Il en donne aujourd'hui une nouvelle preuve, en invitant tous les Souscripteurs de son premier Ouvrage de venir retirer *gratis* un Exemplaire de ce dernier, que nous sommes chargés de délivrer, pourvu toutefois qu'on nous produise une certitude de Souscription du premier Ouvrage ci-dessus expliqué.

Nous donnons encore avis que les deux grandes Estampes représentant le Monument Public à la Gloire du Roi, se distribueront dans notre Magasin, au prix seulement de 16 liv. avec l'explication imprimée. Tout le monde connoît l'importance & le fini de ces Gravures, dont il existe peu d'Exemplaires, & dont bientôt il n'en existera plus, l'Auteur se proposant de gratifier le riche Cabinet des Estampes du Roi, des Planches en cuivre, ainsi qu'il a fait des magnifiques Tableaux richement encadrés, qui décorent une partie de la Bibliothéque du Roi.

Le premier Ouvrage, petit *in-folio*, intitulé, *Discours sur les Monumens de tous les Ages*, &c. dédié au Roi, même avec des augmentations, ne sera que de 12 liv. l'Exemplaire, avec les Estampes de l'intérieur.

Les deux Discours ayant pour Frontispice le Buste de l'IMPÉRATRICE des Russies regnante, précédés d'une Epitre à M. *le Grand-Duc des Russies*, & d'une Introduction Historique & Politique sur les Russies; seulement de 4 liv. 10 s. format *in-quarto*.

NOUS donnons encore avis aux Amateurs des Sciences & des Arts, qu'avec la permission de M. BIGNON, Grand-Maître de la Bibliothéque du ROI, l'on verra, les jours de Bibliothéque du Cabinet des Estampes, le beau Dessin colorié, sous glace, représentant le Monument Public projetté à la Gloire de CATHERINE II, Impératrice des Russies.

GUILLOT, Libraire de MONSIEUR Frere du ROI, rue de la Harpe.

INTRODUCTION PRÉLIMINAIRE ET HISTORIQUE.

QUAND un Citoyen a célébré avec quelque ſuccès la gloire de ſon Maître ; quand il a payé le tribut que ſon génie & ſon cœur lui devoient, en conſacrant à ſa mémoire un Monument Public deſtiné à tranſmettre aux Poſtérités futures ſes vertus, ſes talens & ſes actions de bienfaiſance (1) ; alors il lui eſt libre de porter ſes regards ſur d'autres Princes dignes du même hommage, & de leur ériger de ſemblables Monumens de gloire.

J'ai acquitté ce premier tribut : j'ai porté enſuite mes

(1) M. l'Abbé de Luberſac, à la ſuite d'un grand *Diſcours ſur les Monumens Publics de tous les âges du Monde*, dédié & préſenté au Roi regnant dès ſon avenement à la Couronne, & imprimé par ſes ordres à ſon Imprimerie Royale, plaça à la ſuite de cet Ouvrage les gravures d'un Monument Public également conſacré à la gloire de ſon Maître. Tout le monde connoît l'importance de ces gravures, tant du côté des allégories heureuſes qu'elles repréſentent, que de celui de leur exécution ; mais ce qui à jamais ſera flatteur pour M. l'Abbé de Luberſac, Auteur de ces Ouvrages, c'eſt qu'il fut le premier des François qui donnât le beau titre de *Bienfaiſant* au Roi ſon Maître ; titre qu'il fit graver ſur l'Obéliſque de l'Immortalité avant le Sacre même de *Sa Majeſté* ; titre enfin que le cri unanime de la Nation Françoiſe a pour jamais confirmé, en ce que le regne de *Louis XVI* eſt véritablement celui de la Bienfaiſance.

regards ſur les Etats des principales Puiſſances du Nord de l'Europe. La Ruſſie m'ayant ſemblé dominer dans l'immenſe partie de ſa Région glacée, & l'Auguſte Impératrice qui la gouverne avec tant de célébrité ayant également fixé mon ſuffrage ou plutôt mon admiration, j'ai eſſayé de tracer à grands traits la marche rapide de ſon regne, qui ſervira de modèle aux Regnes qui doivent le ſuivre.

A peine cette entrepriſe, difficile pour un François étranger à la Ruſſie, fut-elle terminée, que feu M. le Comte de Maurepas (qui avoit bien voulu ſolliciter & obtenir pour moi de SA MAJESTÉ la permiſſion de m'en occuper,) que ce Miniſtre, dis-je, remit au Roi un Manuſcrit de ma compoſition ſur les Monumens Publics de la Ruſſie, contenant les Eloges du *Czar Pierre I. d'Eliſabeth & de Sa Majeſté Impériale des Ruſſies*, aujourd'hui regnante: en même-tems j'eus l'honneur de préſenter au Roi un Tableau ſous glace repréſentant un Monument Public à la gloire de *Catherine II*, pour être élevé à S. Péterſbourg: SA MAJESTÉ après avoir examiné cet Ouvrage, voulut bien m'en exprimer ſa ſatisfaction.

L'eſquiſſe terminée de ce Tableau intéreſſant & magnifique, faiſant aujourd'hui partie de la décoration de mon Cabinet, j'ai cru que dans la circonſtance du ſéjour que *Leurs Alteſſes Impériales des Ruſſies* ont fait dans notre Capitale, je devois expoſer ce même Ouvrage ſous les yeux de ces Princes: j'obtins de M. de Bignon, Conſeiller d'Etat, & Directeur Général de la Bibliothéque du Roi, la permiſſion de placer dans le Cabinet des Eſtampes ce Monument à la gloire de *Catherine II*, à côté même de celui que j'ai conſacré à la gloire de mon Auguſte Maître.

M. le Comte & Madame la Comteſſe du Nord ſenſibles à cet hommage de ma part, qui ne pouvoit que les intéreſſer, m'en témoignerent leur contentement lorſqu'ils viſiterent la Bibliothéque du Roi, & ajouterent qu'ils avoient vu ces mêmes Ouvrages dans les Cabinets de *Sa Majeſté Impériale des Ruſſies*.

Témoin de la maniere utile dont ces Illuſtres Voyageurs ont parcouru tous les Monumens Publics & Particuliers de notre Capitale; témoin encore de la ſupériorité avec laquelle ils ont ſu apprécier les divers chefs-d'œuvres qui y ſont conſignés, je conçus alors le projet de revenir ſur mes pas, en reprenant ſous-œuvre le premier travail littéraire que j'avois d'abord conſacré à *Sa Majeſté Impériale des Ruſſies*, de donner à cette production beaucoup plus d'intérêt, en y inſérant des réflexions ſur les Voyages faits en France par divers Princes Etrangers, ceux des Ruſſies particulierement, & de rendre avec autant d'exactitude que de célébrité les détails intéressans des Fêtes Publiques que la Cour de France, les Princes du Sang, la Capitale même leur ont données, & plus particulierement encore d'exprimer la sensation que ces Princes ont fait naître dans tous les cœurs François : sensation trop intéressante pour que jamais elle s'en efface, & qui dans l'Histoire Nationnale fera certainement époque.

Cet Ouvrage, sous le titre de *Discours*, &c. &c. est dédié à l'Académie Impériale des Sciences de S. Pétersbourg. J'ai cru devoir cet hommage à cet Aréopage de Savans, témoins de tout ce qu'a fait de grand *Catherine II.* dans ses Etats, depuis le premier instant qu'elle en a dirigé les rênes. Si par cet Ouvrage je n'apprends rien de nouveau à ces Savans, en ce qui regarde leur Empire, & même leur Grande Souveraine, du moins y verront-ils une suite de Tableaux dont les sujets aussi riches que variés, sont faits pour intéresser leurs ames, & peut-être leurs génies.

Mais avant tout, j'ai eu intention d'instruire mes Concitoyens, & de mettre sous leurs yeux dans cette Introduction Préliminaire sur-tout, l'analyse des événemens les plus remarquables qui se sont passés en Russie depuis la naissance de son Altesse Impériale *Paul-Pétrowitz*, Czarowitz, Grand-Duc des Russies, Duc de

Holſtein-Gottorp, ſeul héritier préſomptif de l'Empire & Autocratie de toutes les Ruſſies, Grand-Amiral, &c. juſqu'à l'époque de ſon apparition en France. J'y joindrai auſſi quelques faits hiſtoriques qui intéreſſent le Gouvernement de l'Empire Ruſſe. Tous ces détails préliminaires ſont eſſentiels à mon Ouvrage, & peut-être intéreſſeront-ils aſſez vivement une partie de mes Lecteurs.

L'Empire Ruſſe, connu dans le dernier ſiecle ſous le nom peu faſtueux en Europe de Grand-Duché de Moſcovie, ſemble deſtiné depuis un ſiecle à être gouverné par de Grands Princes: les plus célébres que nous connoiſſions juſqu'à ce jour, ſe ſont occupés, avec fruit, du ſoin de tirer les Peuples qui habitent ce vaſte Empire, de l'état d'ignorance & de barbarie dans lequel le Nord, depuis la chûte de l'Empire des Grecs, étoit tombé. Pour y parvenir, le Czar *Pierre*, ſurnommé *le Grand*, l'Impératrice *Eliſabeth*, & plus particulierement encore Sa Majeſté Impériale, actuellement régnante, *Catherine II*, ont, à l'exemple des premiers Romains, lors de la fondation de leur Métropole, envoyé chez toutes les Nations éclairées pour en connoître les meilleures Inſtitutions, & y recueillir ce qui pourroit être plus analogue au climat & aux mœurs d'une Nation qui eſt un mélange de tant de différentes Peuplades, & qui vivent ſous des hémiſpheres différens.

Ces Princes ne ſe ſont pas contentés, à l'exemple d'*Auguſte* à Rome, de *François premier* en France, & de *Frédéric*, Roi de Pruſſe regnant, d'attirer les Savans chez eux & de les récompenſer; ils ont même excité l'émulation de ceux qui ont réſiſté à des avantages ſi flatteurs; ils ont poſſédé le talent ſi rare de s'en faire des amis & des Apologiſtes: enſorte même que la correſpondance entre des Savans, ſéparés par un ſi long eſpace, a donné une ſecouſſe étonnante, ineſpérée même à l'ignorance & à la barbarie dont cette Contrée étoit couverte. Cette commotion imprévue leur ayant fait entrevoir quelques foibles étincelles du Génie, il en a preſque auſſi-tôt réſulté une grande révolution dans le moral de la Ruſſie: enſorte que les Arts, juſques-là inconnus, commencerent à y germer.

Cet Empire s'étoit trop aggrandi, ſans doute, pour qu'en ſi peu d'années il pût ſortir de l'eſpèce d'apathie générale qui l'accabloit, & ſe montrer dans un état de perfection politique, tel, par exemple, que celui de la France, qui peut-être donne le ton aux autres Nations par ſes avantages ineſtimables.

Pierre le Grand fit preſqu'en Ruſſie ce qu'avoit fait

Louis XIV en France, ou du moins en eut-il le desir; je veux dire que l'un & l'autre allumerent le Génie de leur Nation; avec cette différence, cependant, que *Pierre premier* fut obligé d'aller chercher au loin tout ce que *Louis XIV* trouvoit chez lui.

Pierre le Grand imitant (peut-être sans s'en douter) les anciens Philosophes Grecs, voulut instruire sa Nation par lui-même; il voyagea donc chez tous les Peuples de l'Europe pour y faire une foule d'observations intéressantes, propres à opérer la révolution méditée en faveur de ses Etats: persuadé qu'un Prince est comme le Dieu Tutélaire de ses Peuples, il crut qu'il étoit de sa gloire de descendre de son Trône pour s'instruire lui-même de tout ce qui pouvoit contribuer au bonheur de son Empire, & y remonter ensuite avec plus de Majesté, pour répandre du haut de sa Grandeur, de tous côtés, l'abondance & l'instruction. Il fut donc le premier Prince qui se dépouillant à propos du faste royal, & secouant cette gêne de l'étiquette ordinaire des Cours, osât entreprendre une sorte de pélerinage si glorieux, & dont l'Histoire des Rois ne nous fournit, avant lui, aucun exemple. Les anciens Rois de Perse voyageoient, il est vrai; mais seulement dans leurs Etats, pour y voir & juger tout par eux-mêmes; mais ne recueillant aucune idée neuve, ni pour les Arts, ni encore moins pour la Philosophie; ils s'en retournoient ſouvent le cœur navré de douleur d'avoir vu l'état déplorable de leurs Sujets, ſans avoir pu ni ſu y porter aucun remède. Quoi qu'il en ſoit, il eſt certain que ce déſir de voyager pour s'inſtruire, annonce au moins de belles ames dans les Souverains de l'Europe ; ceux du Nord, ſur-tout, nous en ont donné la preuve. Si *Eliſabeth* & *Catherine II* n'ont pas entrepris ces mêmes courſes hors de leurs Etats, diſons qu'elles y ont bien ſuppléé par leur génie, & par la magnanimité qui caractériſe leurs Regnes.

Un Rejetton de *Pierre le Grand*, deſtiné à regner ſur ce vaſte Empire, devoit ſentir renaître dans ſon cœur ce feu ſacré qui anima ſon Biſayeul : la gloire & le bonheur des Sujets de ſon Auguſte Mere, devoient être de puiſſans motifs pour exciter ſon ame à produire de grandes choſes à l'avenir ; & *Catherine II*, pour couronner ſa gloire, devoit ſe priver pendant quelque tems de l'objet qui lui eſt le plus cher, en permettant à ſon Auguſte Fils de s'éloigner pour quelques momens d'Elle, pour aller viſiter les Souverains Etrangers du Midi, s'approprier les réſultats des productions du Génie, qui font la richeſſe de leurs Empires, en parcourant les Monumens Publics en tous genres, qui décorent leurs Capitales ; & pour qu'à ſon tour, après des courſes auſſi utiles, il fût digne par la ſuite de ſoutenir la gloire & l'éclat de la

Couronne

Couronne Impériale Ruſſe, & même porter le flambeau de l'inſtruction dans des Contrées Sauvages & éloignées, dépendantes de ſon vaſte Empire; Contrées qui peut-être ne participeront jamais à la portion de lumiere que *Catherine* s'efforce d'y faire parvenir, parce qu'il n'appartient pas à l'Homme, tel grand qu'on le ſuppoſe, d'exécuter tout ce qu'il entreprend : en effet, ces Contrées ſont tellement éloignées de la Capitale Saint-Pétersbourg, qu'elles confinent aux Indes, à la Chine, à l'Aſie, à l'Europe & à toutes les Tartaries. Des Peuples ſi éloignés, vivant dans des climats ſi oppoſés, ſous un ciel ſi différent, avec des mœurs ſi inconciliables, exigent néceſſairement dans un Souverain des Ruſſies, qui peut, quant il lui plaît, leur dicter des Loix nouvelles, un homme dont l'ame ſoit en quelque ſorte élevée dans une Région ſupérieure à toutes les autres.

Ce Prince touche maintenant au but de la vaſte carriere qu'il a parcourue. Il a donc, pour ainſi dire, rempli & ſatisfait, à l'âge de 27 ans, à tout ce que ſa gloire & le bonheur de la Ruſſie exigeoient de lui. Toutes les Contrées qu'il a traverſées, tous les Monumens Publics & de Génie qu'il a viſités & parcourus, tous les Souverains avec leſquels il s'eſt entretenu, tous les Savans qu'il a viſités, & auxquels il a daigné accorder le titre d'ami;

en un mot, tous les Peuples qui l'ont vu, tous, dis-je, ont admiré les lumieres acquises de ce Prince, ses vertus, sa noble modestie, & sur-tout sa popularité. Il a donc emporté, de par-tout, les regrets; & en se faisant aimer de toutes les Puissances qu'il a visitées, il a consolidé à jamais les Alliances que son Auguste Mere a faites en Europe: mais sans doute que cette Grande Princesse ne l'avoit formé que pour cela; tant il est vrai que tout ce qui sort des mains des Grands Hommes, a droit d'étonner & d'exciter l'admiration & la reconnoissance publiques!

Mais ce Prince qui s'est si bien annoncé en Europe, étoit déja connu dans ses Etats par une foule de traits qui présageoient ce qu'il sera un jour.

Je pense que le Public me saura gré d'en crayonner une légère esquisse. *Paul Petrowitz*, Czarowitz, Grand-Duc des Russies & de Holstein-Gottorp*, seul héritier présomptif de l'Empire & Autocratie de toutes les Russies, Grand-Amiral, &c. &c. est né à S. Pétersbourg le premier Octobre 1754, de l'Empereur *Pierre III*, alors Grand-Duc, & de *Catherine II Alexiewna*, également Grande-Duchesse, sous le Regne d'*Elisabeth*.

L'Impératrice *Elisabeth* conçut tant de joie de la naissance de ce Prince, son petit-neveu, qu'elle le porta elle-même à l'Autel pour qu'on lui administrât le Baptême & la Communion, suivant le Rit Grec : la naissance de ce Prince opéra la même sensation dans toutes les Russies, qu'elle produit ordinairement chez la plupart des Peuples Lettrés ; je ne dis pas une joie effrénée & licentieuse de Baccanales, ainsi qu'à Constantinople lorsqu'il naît un Sultan, mais une joie pure, tranquille & délicieuse, qui donne de l'essor au Génie, & fait paroître une multitude d'Eloges susceptibles d'être soutenues & caractérisés par l'harmonie. Il parut à la naissance du Prince du Nord, un Drame Lyrique, intitulé *Céphale & Procris*, production qui, à quelques égards, peut avoir autant de mérite que celles qu'on joue sur les autres Théâtres de l'Europe.

Pierre III étant décédé, *Paul* son fils devint aussitôt Duc de Holstein-Gottorp, & dès-lors Souverain de cette Contrée. En cette qualité il est Grand-Maître de l'Ordre de Sainte-Anne; & dès le 9 Novembre 1762, à l'âge de 8 ans, ce jeune Prince, par les conseils de son Auguste Mere, sans doute, & les avis de son sage Mentor, sentit de quelle importance il étoit pour lui de récompenser le mérite, & d'entretenir l'émulation : ce Prince, enfant, fit une promotion de plusieurs Chevaliers de cet Ordre : il régnoit dès-lors dans cette partie du Duché de Holstein, mais toujours sous la

Régence de l'Impératrice ſa Mere. (Le Roi de Dannemarck eſt Duc de l'autre partie). (1)

L'Empire de Ruſſie avoit éprouvé dans l'enfance de ce Prince, les mêmes allarmes que la France dans la minorité de Louis XV. *Catherine* ſa mere, ſentant ſes entrailles émues, imita Louis XIII dans l'adverſité : ce Prince fit vœu de mettre ſes Etats ſous la Protection de la Sainte Vierge : *Catherine*, pour appaiſer le Ciel qui ſans doute ne vouloit que l'éprouver, fit vœu de fonder un Hôpital à Moſcou. Les malheurs des Grands, même des Empires, ſont des occaſions dont la Providence ſe ſert ſouvent pour les attacher plus à leurs devoirs & à leurs Peuples. Cet Empire, à l'exemple de ceux d'Aſie qui l'avoiſinent, ne connoiſſoit point encore de tels aſyles avant *Pierre* Ier. pour les humains malheureux & ſouffrans. Cependant la Turquie vient d'établir depuis peu quelque Hôpitaux.

Pierre Ier. occupé uniquement à créer le moral de ſon Empire, avoit oublié ces établiſſemens de charité : d'ail-

---

(1) La ſucceſſion héréditaire eſt quelquefois interrompue en Ruſſie, ſoit par des teſtamens, ſoit par le choix de la Nation ; mais l'ordre de ſuccéder eſt conſtant & invariable en Allemagne : auſſi *Paul Petrowitz* a ſuccédé immédiatement à l'Empereur ſon pere, par rapport au Duché de Holſtein. Néanmoins l'ordre héréditaire en Ruſſie ne ſauroit être interrompu en maniere quelconque au ſujet du Grand-Duc actuel ; 1°. parce que Paul-Petrowitz a été proclamé & déclaré l'unique héritier du Trône de Ruſſie le 9 Juillet 1762. par le Peuple & par les Gens de guerre : 2°. parce que le ſerment de fidélité fut enſuite prêté, en détail, par tous les Ruſſes à la nouvelle Impératrice, ainſi qu'au Prince *Paul*, comme héritier préſomptif & unique de la Monarchie & Autocratie Ruſſe.

leurs, ce Prince ne vécut pas assez pour réaliser des projets de cette nature. Ils exigent des détails & des soins infinis, qu'une administration tranquille & pacifique peut seule entreprendre.

Le jeune Prince, âgé de neuf ans, parut disputer de générosité & de bienfaisance avec son Auguste Mere: il accorda à ce nouveau Réfuge, destiné pour les Enfans-Trouvés, vingt mille roubles, à prendre sur son trésor particulier. Cette somme réunie à celle de 150 mille roubles donnés par l'Impératrice, & à une souscription volontaire de la part de ses Sujets aisés, forma la dotation de ce premier Monument de Charité.

L'Impératrice, pour inspirer de bonne-heure à ce jeune Prince les vertus qui caractérisent les Grands Monarques, & pour le former dans l'art de regner, attiroit auprès d'elle par son affabilité & par ses largesses, les Hommes de génie les plus renommés de l'Europe. Elle savoit qu'ils sont, en effet, les seuls propres à donner à l'ame d'un Souverain, la teinte & l'énernie qui lui conviennent, ainsi qu'Aristote l'avoit fait dans celle d'*Alexandre le Grand*.

Mais à peine le Prince fut-il sorti des mains attentives des femmes & parvenu à l'âge de neuf ans, que *Catherine*, semblable à *Philippe* de Macédoine, n'employa point la main de son Visir, ou plutôt celle de son Chancelier, pour annoncer à un Philosophe Français qu'elle avoit un fils dont elle vouloit faire un homme ; mais du haut même de ſon Thrône elle reconnoît quels ſont les droits des Savans dans l'ordre de l'humanité & de prédilection. Elle jette les yeux ſur l'un des plus grands Philoſophes du Siècle, qui exiſte à huit cents lieues de ſon Empire. Elle prend la plume & lui annonce, non en Souveraine, mais en amie du génie & des talens ſupérieurs, l'emploi éminent qu'elle voudroit lui confier (1). Mais la ſanté de cet homme, plus encore que ſon ſtoïciſme & ſon déſintéreſſement, l'ont forcé à refuſer un honneur que mille autres Philoſophes euſſent été jaloux d'obtenir.

Lettre de Sa Majeſté Impériale des Ruſſies, à M. d'Alembert.

(1) « Monſieur d'Alembert, je viens de lire la réponſe que vous avez écrite au » ſieur *Odart*, par laquelle vous refuſez de vous tranſporter pour contribuer à l'éducation de mon fils. Philoſophe comme vous êtes, je comprends qu'il ne vous coûte rien » de mépriſer ce qu'on appelle grandeurs & honneurs en ce monde. A vos yeux, tout cela » eſt peu de choſe, & aſſurément je me range de votre avis. A enviſager les choſes ſur » ce pied, je regarderai comme très-petite la conduite de la Reine *Chriſtine*, qu'on a « tant louée & ſouvent blâmée à plus juſte titre : mais être né, ou appellé pour contri» buer au bonheur, & même à l'inſtruction d'un Peuple entier, & y renoncer, c'eſt » refuſer, ce me ſemble, le bien que vous avez à cœur. Votre Philoſophie eſt fondée » ſur l'humanité ; permettez-moi de vous dire que de ne point ſe prêter à la ſervir tan» dis qu'on le peut, c'eſt manquer ſon but. Je vous ſçais trop honnête-homme pour » attribuer votre refus à la vanité : je ſçais que la cauſe n'en eſt que l'amour du repos » pour cultiver les Lettres & l'amitié. Mais à quoi tient il ? Venez avec tous vos » amis ; je vous promets à eux & à vous auſſi, tous les agrémens & facilités qui peuvent » dépendre de moi ; & peut-être vous trouverez plus de repos & de liberté que chez vous. » Vous ne vous prêtez point aux inſtances du Roi de Pruſſe, & à la reconnoiſſance que » vous lui devez ; mais ce Prince n'a point de fils. J'avoue que l'éducation de ce fils me » tient ſi fort à cœur, & vous m'êtes ſi néceſſaire, que peut-être je vous preſſe trop. » Pardonnez mon indiſcrétion en faveur de la cauſe, & ſoyez aſſuré que c'eſt l'eſtime » qui m'a rendue ſi intéreſſée. *Signé* CATHERINE.

Catherine y ſuppléa par le concours d'Hommes Savans & vertueux ; mais bien loin que ce refus ait refroidi, l'Impératrice, il n'a peut-être ſervi qu'à augmenter ſa conſidération pour le Philoſophe Français, qui a préféré de couler des jours tranquilles & paiſibles dans ſa Patrie, & de ſemer l'intérieur de ſa ſolitude des fleurs dont ſe pare l'aimable Philoſophie & la ſaine raiſon, à la ſublime & orgueilleuſe jouiſſance que pouvoient lui procurer des faveurs d'une grande Cour. Ce fut à peu près à cette époque, en 1762, que *Catherine* II créée Impératrice par le vœu unanime de la Nation Ruſſe, accorda au jeune Prince ſon fils la Lettre de Grand-Amiral de toutes les Ruſſies. *Gregori*, Gregowitz, Comte d'Oreloff, ſon Chambellan, eut l'honneur d'en préſenter le Brevet au *Grand-Duc*, qui auſſi-tôt le décora de ſon Ordre de Sainte-Anne de Holſtein.

Catherine, toujours courageuſe & au-deſſus des préjugés puériles de ſa Nation, commença à ſubir l'épreuve (critique à cauſe qu'elle avoit, à ce qu'on croit, plus de 30 ans) ſur elle-même de l'inoculation, avant de la faire adminiſtrer à ſon fils ; & ce fut le célèbre Médecin Dimſdahl, Anglois, qui fut exprès mandé de Londres : quelque tems après, *Sa Majeſté Impériale* fit donc inoculer *Paul Pétrowitz* ſon fils, âgé de 14 ans, à la même maiſon de campagne, & par le même Médecin Dimſdahl, qui fut encore appellé de Londres (1). Le Sénat en remercia sa Souveraine au nom même de la Nation, & lui présenta douze médailles d'or dans un bassin d'argent: l'un des côtés de ces Médailles représentoit le buste de *Catherine*, & l'autre portoit cette inscription gravée au bas du Temple de la Guérison: *Elle a donné elle-même l'exemple.* Le 21 Novembre est le jour aniversaire de l'inoculation de l'Impératrice. L'enfant de qui on a pris le bouton de matiere a été ennobli & nommé *Ospine*, ou de la petite vérole qui se dit en Russe *Ospa.*

Le Grand-Duc, quelque tems avant son départ pour ses

(1) Sars-Kacelo, maison de plaisance délicieuse, à quatre lieues de Pétersbourg, fut choisi pour cette opération: ce Château est, dit-on, superbe: l'or y est en profusion tant en dedans qu'au dehors; toutes les statues, les corniches, & autres endroits susceptibles de dorures, le sont à l'huile. Les appartemens sont meublés magnifiquement, les jardins y sont à l'Angloise, dans lesquels il y a des piéces d'eau d'une grandeur prodigieuse: dans le milieu de la plus grande, il y a un petit islot, sur lequel est élevé une colonne australe très-haute, ornée, par conséquent, de proues de vaisseaux, en l'honneur de la bataille navale de Tochesmé, & du Comte Aléxis Orlowstschesmenski qui l'a gagnée. Dans un autre endroit du jardin on voit une obélisque à la gloire de M. le Comte de Romanzow, & une autre obélisque en l'honneur du Comte Féodor Orlow.

Indépendamment d'une infinité de bâtimens, selon les usages & la bâtisse des différentes Nations, l'Impératrice fait actuellement construire une maison semblable à celle de M. de Voltaire, qu'elle a déjà surnommée Ferney.

L'Impératrice passe la majeure partie de l'Eté dans cette maison de plaisance, bâtie par *Pierre Premier*, & là elle célébre la Fête de Saint-Pierre. Cette maison est à 6 lieues de France de Pétersbourg, sur le bord de la mer. Les jardins & les eaux sont de la premiere beauté; le jet-d'eau que l'on appelle *Samson*, jette l'eau à une hauteur étonnante, & est regardé comme le premier jet-d'eau de l'Europe, après celui de Hesse-Cassel: le jet-d'eau d'une maison de Campagne à 9 lieues de Paris, (Nointel, appartenant à M. Bergeret, Receveur Général des Finances,) est le troisieme, & celui de Saint-Cloud le quatrieme.

ſes longs voyages, fit également inoculer ſes deux fils, après en avoir reçu le conſeil de *Catherine* ſa Mère; ſavoir, le Prince *Alexandre Paulowitz*, âgé de 7 ans & 3 mois, & le Prince *Conſtantin Paulowitz*, qui n'avoit que 2 ans & 4 mois : l'irruption parut auſſi-tôt après l'inſertion, & la convaleſcence la plus heureuſe a confirmé le ſuccès de cette expérience, qui ne ſauroit trop être encouragée dans les familles craintives; mais toutes les Puiſſances de l'Europe donnant elles-mêmes l'exemple, bientôt leurs Peuples le mettront ſans crainte en pratique (1).

Paul Petrowitz parvenu à l'âge de 19 ans, le 20 Octobre 1773, reçut, des mains & par le choix de ſon Auguſte Mere, pour épouſe, la Princeſſe Willemine de Heſſe d'Armſtadt, ſeconde fille du Landgrave, née Luthérienne, & qui avant de ſe marier embraſſa la Religion dominante de Ruſſie. Cette Princeſſe, douée de toutes les vertus de l'eſprit & du cœur, de toute l'aménité & des graces de ſon ſexe, juſtement adorée de ſon Epoux & de tous ceux qui l'approchoient, âgée ſeulement de 21

(1) Nous profitons avec plaiſir d'un petit Ouvrage, portant pour titre, *Eſſai Hiſtorique ſur Son Alteſſe Impériale Paul Pétrowitz*, &c. qui nous indique quelques unes de ces anecdotes hiſtoriques; mais ſur-tout des réflexions encore plus certaines d'un François (nommé Charpentier) qui a ſéjourné plus de trente-cinq ans à Saint-Péterſbourg en qualité d'Interprète des Langues, attaché à l'Académie des Sciences, & qui a compoſé une Grammaire Ruſſe & Françaiſe, très-eſtimée & très-inſtructive, et qui nous a évité beaucoup de perte de tems à des recherches ſouvent infructueuſes, & le plus ſouvent encore incertaines, & auſſi des réflexions de M. l'Abbé Delavaux, Avocat.

ans, mourut au printems de ſon âge, après deux ans & demi de mariage, dans les douleurs d'un accouchement dont le fruit périt avec elle : ce coup affreux pour le Prince ſon époux, pour la Cour de Péterſbourg dont elle étoit adorée, & même pour tout l'Empire, arriva dans le cours de l'année 1776. (1)

Comme il falloit aſſurer au Trône de l'Empire des Ruſſies une ſuite conſtante d'héritier, le déſir de la Nation engagea le Prince veuf à choiſir dans l'Empire d'Allemagne une ſeconde Princeſſe pour compagne ; & dès le 28 Septembre 1776, il épouſa à Pétersbourg Marie Frederowna de Wurtemberg, alors Luthérienne, âgée de 16 ans 11 mois, l'une des plus belles & des plus accomplies Princeſſes de l'Allemagne, & peut-être la plus érudite ſur tous les objets poſſibles. Avant ſon mariage on fit la cérémonie uſitée à Pétersbourg, c'eſt-à-dire, qu'on lui fit abjurer le Luthéraniſme dans la Chapelle Impériale, le 16 Septembre 1776 ; elle fit ſa Profeſſion de Foi, ſelon le Rit Grec, entre les mains de l'Archevêque ou Patriarche de cette Capitale de l'Empire.

---

(1) Au mois de Mars 1780, le Prince & la Princeſſe héréditaire de *Heſſe d'Armſtadt*, frere de feu *la Grande-Ducheſſe des Ruſſies*, étant à Paris, voulurent bien honnorer de leur préſence le domicile de l'Auteur, pour y voir le Tableau repréſentant le Monument à la gloire de *Catherine II*, & même y accepterent un repas du ſoir, où furent également invitées *la Princeſſe Charlotte*, ſœur de la Princeſſe héréditaire, & feu *Madame la Comteſſe de Linange* leur tante, avec pluſieurs Seigneurs Etrangers & François.

L'abjuration faite, la Princeſſe communia pour la premiere fois ſous les deux eſpèces, des mains de l'Archevêque de Moskow : ces préliminaires achevés, on procéda le 28 du même mois au mariage. Cette Princeſſe qui a tant excité nos reſpects & nos regrets, eſt la quatrieme Princeſſe de ce ſiecle, que l'Empire des Ruſſies ait choiſie en Allemagne (1).

Qu'il nous ſoit permis de dire ici que les Princes Chrétiens, vû les différentes Sectes qui ſe ſont formées dans la Religion, ſont ſouvent embarraſſés pour leurs alliances, à cauſe de l'étiquette d'après laquelle ils ne croyent point, à l'exemple des Princes des autres Religions, pouvoir contracter alliance avec les filles des Princes leurs Sujets, & leur donner reſpectivement les leurs : peut-être ſeroit-il plus ſage, pour empêcher ces embarras & ces abjurations, de ſuivre l'exemple des Princes nés dans d'autres Religions. Le Peuple ne demande que des rejettons de ſes Souverains, & ne déſire jamais qu'on gêne les conſciences. La Maiſon de Wurtemberg eſt une des plus illuſtres & des plus anciennes d'Allemagne; on conjecture qu'elle tire ſon origine d'*Everhard*, Grand-

(1) La premiere fut *Charlotte-Chriſtine-Sophie de Brunſwick*, qui épouſa en 1711 *Alexis Pétrowitz*; la ſeconde eſt l'Impératrice Régnante; la troiſieme eſt *Natalie-Alexiowna de Heſſe d'Armſtadt*, précédente épouſe du Grand-Duc; & la quatrieme enfin, *Marie-Foederowna de Wurtemberg*.

Maître de la Maison de Charlemagne. Le Duc Regnant de Wurtemberg est Grand-Veneur de l'Empire: si l'Empereur commande ses Armées en personne, alors le Duc a droit, comme Comte de Groningue, de porter la Cornette Impériale, qui est attachée à son Comté. Cette Maison est, d'ailleurs, suivant le bruit public, destinée à occuper la neuvieme place dans le Collége Electoral, éteinte par la mort du dernier Duc Electeur de Baviere, & dès-lors elle joue le rôle le plus important en Allemagne.

Le Duc de Wurtemberg regnant, oncle de la Grande-Duchesse des Russies, étant venu à Paris, s'y est montré digne d'avoir pour fille une telle Princesse : on ne peut être plus instruit dans toutes les connoissances qui caractérisent le Politique & le Savant, l'Homme de goût, l'Homme aimable, que ne s'est fait voir, parmi nous, ce Prince plein d'urbanité.

Paul Petrowitz, Grand-Duc des Russies, descend de l'Illustre Maison d'Oldenbourg, dans laquelle celle de Holstein dont il porte le nom, s'est fondue ; & par les femmes, en ligne droite de l'Empereur *Pierre premier* son Bisayeul, & de *Catherine premiere*. Dans la derniere des trois Dinasties Russes, l'on compte jusqu'à ce jour huit ascendans de ce Prince qui ont porté ou portent encore la Couronne de Russie. Le premier fut *Michel*, Chef de la derniere Dinaftie, mort en 1645 ; le fecond, *Alexis*, mort en 1676 : il envoya au Sophi, fils d'*Abas-le-Grand*, Roi de Perfe, des Ambaffadeurs pour demander le rétabliffement de *Taimouraskan* fur le Trône de la Géorgie : le Sophi eut la cruauté de faire noyer ce Prince dès qu'il apprit l'entrée des Ambaffadeurs du Grand-Duc dans fes Etats. Le troifieme, *Pierre premier*, dit *le Grand*, mort en 1725, après avoir combattu & vaincu *Charles XII*, Roi de Suede : le quatrieme, *Catherine premiere*, morte en 1727, fœur du Czar, Religieufe de l'Ordre de Saint Bafile; le cinquieme, *Pierre II* ; le fixieme, *Elifabeth* ; le feptieme, *Pierre III* ; & le huitieme, *Catherine II*, actuellement Regnante.

Depuis un an, ou environ, Leurs Alteffes Impériales des Ruffies, pour répondre aux vues de l'Impératrice *Catherine* II. leur Augufte Mere, voyagent dans le Midi de l'Europe pour s'y former, par l'expérience, dans l'art de connoître les hommes, & de favoir par la fuite les gouverner, felon leurs mœurs, leurs climats, & leur procurer tout ce qui pourra contribuer à leur bonheur. Quoique par leur rang fuprême ils puffent annoncer dans leurs voyages la plus grande repréfentation, ils préferent cependant de ne paroître dans les Cours Etrangeres qu'en fimples particuliers, pour éviter de la part des Souverains & de leurs Peuples qu'ils vifitent, toute efpèce d'honneurs trop marqués ; mais les Souverains & leurs Capitales, jaloux de déployer leur magnificence aux yeux de ces Illustres Etrangers, s'empressent tour à tour de leur rendre tous les honneurs dûs aux Princes Etrangers, & plus encore à ceux qui ont la noble modestie de dissimuler leur grandeur.

Disons ici un mot du rang que tient aujourd'hui l'Empire des Russies dans les autres Cours Souveraines.

Vers le commencement de 1763, *Catherine II*, reconnue pour Impératrice, sembla faire quelques difficultés de renouveller la Reversale donnée par *Pierre* III son époux, & précédemment par *Elisabeth*, touchant le titre Impérial. Le Baron de Breteuil, Ambassadeur de *Louis XV* en Russie, resta quelque tems sans avoir audience & sans remettre ses Lettres de Créance ; mais *Catherine* II & *Louis XV*. ayant donné chacun leur déclaration, toute difficulté fut levée.

Le titre d'Empereur que *Pierre le Grand* prit en quittant celui de Grand-Duc de Moscovie, appartient depuis long-tems au Souverain, à la Couronne de la Russie; ce titre ne se donne, pour l'ordinaire, qu'aux Princes qui possédent de grands Etats : le Roi de France même est qualifié à Constantinople d'Empereur des Chrétiens.

On sait qu'avant *Pierre le Grand*, la Russie n'étoit pas aussi étendue qu'aujourd'hui, & que le Turc qui tenoit le Kan des Tartares de la Crimée sous sa domination, se prétendoit Empereur de toute la Tartarie vers le Nord. *Pierre le Grand* ayant extrêmement étendu son Empire, a pu prendre le titre d'Empereur. *Catherine*, par sa Déclaration, en renouvellant la Reversale, a reconnu que le titre Impérial lui appartenoit depuis long-tems à perpétuité : » Néanmoins pour se conformer à la Déclaration » de *Pierre le Grand*, elle consent que ce titre n'apportera aucun changement au Cérémonial usité dans les » deux Cours, & restera toujours sur le même pied. » Fait à Moskow, le 21 Novembre 1762. *Signé* VORONZOFF, Grand Chancelier des Russies.

Cette Déclaration fut notifiée par les ordres de *Catherine* II à tous les Ministres Etrangers : ensorte que ce n'est-là qu'un arrangement de pure politique. Il paroît, d'après tout cet exposé, qu'il n'y avoit point de difficulté sur le titre, mais seulement sur le cérémonial. (1)

Il semble encore, d'après ce principe, que *Pierre* Ier. & ses successeurs jusqu'à l'Impératrice *Elisabeth*, n'ont eu en France d'autre dénomination que celle de Czars; *Elisabeth* est même la premiere que le Roi de France ait

» (1) Elle reconnoît que c'est par amitié & par une attention toute particuliere du » Roi pour Elle, que Sa Majesté de France à condescendu à la reconnoissance du titre Impérial que d'autres Puissances lui ont deja concédé, & Elle avoue que cette complaisance du Roi lui est très-agréable.

nommée Impératrice ; mais ſans que cela ait pu changer le cérémonial uſité dans les Cours. Cette Princeſſe y conſentit d'autant plus volontiers, que la France avoit contribué à ſon Couronnement ; Elle y acquieſça par ſa Reverſale de 1745 (1) : c'eſt aux mêmes conditions qu'en 1762, le 18 Janvier, *Louis XV* donna cette qualité à *Catherine* II, après la mort de *Pierre* III.

L'on peut conclure d'après cet expoſé, que ſi M. le Comte & Madame la Comteſſe du Nord euſſent voyagé ſans déguiſement, la Cour de France les eût qualifiés des titres d'Alteſſes Impériales des Ruſſies : au ſurplus, on leur en a rendu tous les honneurs (2).

---

(1) Reverſale eſt un Acte Diplomatique, par lequel un Prince déclare que ce qui s'eſt fait ou ſe fera pour certaines conſidérations, & dans un cas particulier, ne tirera point à conſéquence & ne ſauroit nuire aux régles générales.

Coup-d'œil ſur la Généalogie de la Maiſon Regnante en Ruſſie.

(2) La très-illuſtre Famille de *Romanow* regne depuis l'an 1613, que *Michel-Fedorowitch Romanow* fut élu Czar par les Etats, le 21 de Février ; il eut en premier mariage la Princeſſe *Marie-Waldimirowna Dolgorouky*, qui mourut l'an 1626, & en ſecond *Eudocie-Loukiaowna Strechnew.* Son fils, le Prince *Alexey Michaitowitch*, né l'an 1630, lui ſuccéda l'an 1645 : il eut de ſa premiere épouſe *Marie-Jlünichnna Miloſlawsky*, cinq Princes & ſept Princeſſes ; & de la ſeconde, *Natalie-Kirilowna Narichkin*, un Prince & une Princeſſe. *Fedor Alexeewitch*, ſon fils aîné, lui ſuccéda à l'âge de 14 ans ; il eut deux épouſes : *Agaphie-Semenowna Grouchetsky*, Dame Polonaiſe, fut la premiere, & mourut en couche ; & *Marfa-Malweewna Apraxin*, la ſeconde ; il mourut ſans enfans l'an 1682, le 27 d'Avril, ayant nommé ſucceſſeur ſon frere cadet *Pierre Alexeewitch.* Cette ſucceſſion lui fut diſputée par une révolte qui dura depuis le 15 de Mai juſqu'au 18, que *Jean Alexeewitch*, né du premier mariage, & *Pierre Alexeewitch*, furent déclarés Czars, & *Sophie Alexeewna* Co-Régente. Les deux Czars furent cou-

Telles

Telles sont les réflexions préliminaires que j'ai cru devoir exposer à mes Lecteurs, avant de rendre compte de tout ce qu'a entrepris & exécuté dans ses vastes Etats *Catherine II*, Impératrice des Russies, pour le bonheur de

---

ronnés le 25 de Juin de la même année. Le Czar *Jean Alexeewitch* mourut l'an 1696, le 29 Janvier, & laissa de son épouse, *Prascovie-Federowna Saltikouy*, trois Princesses, savoir, *Catherina Iwanowna*, *Anna Iwanowna*, & *Prascovia Iwanowna*. Le Czar *Pierre Alexeewitch* ayant épousé l'an 1689 *Eudocie-Fedorowna Lapoughin*, en eut l'an 1690 un Prince nommé *Alexey Pettrowitch*, & resta seul maître du Trône après la mort de son frere, le Czar *Jean Alexeewitch*, & la retraite de sa sœur la Princesse *Sophie Alexeewna*; il épousa en secondes nôces, l'an 1712, *Catherina Alexeewna*, & la couronna lui-même l'an 1724: il en eut un Prince & deux Princesses, savoir, *Pierre Petrowitch* mort l'an 1719, *Anna Petrowna* & *Elisabeth Petrowna*. A l'Empereur *Pierre le Grand* succeda *Catherine Alexeewna* son épouse l'an 1725, au mois de Janvier; elle maria sa fille *Anna Petrowna* la même année avec *Charles Frédéric*, Duc de Holstein: l'Empereur *Pierre II*, fils du Czarewitch, *Alexey Petrowitch*, & de *Charlotte-Christine Sophie*, Princesse de Brunswick-Wolfenbutel, sœur de l'Impératrice Romaine. *Elisabeth* succéda à l'Impératrice *Catherine I*, l'an 1727, & fut couronnée à Moscou l'an 1728. L'Impératrice *Anna Iwanowna*, la fille puînée du *Czar Jean Alexeewitch*, & de *Prascovie Fedorowna* de *Saltikow*, veuve de *Frédéric Guillaume*, Duc de Courlande, succéda l'an 1730 à l'Empereur *Pierre II*; elle maria l'an 1739 sa niece, la Princesse *Anne*, fille de la Princesse Impériale *Catherine Iwanowna*, & de *Charles Léopold*, Duc de Meklenbourg, avec *Antoine Ulric*, Duc de Brunswick, & déclara le Prince *Jean*, né de ce mariage, son héritier l'an 1740, le 5 d'Octobre, & mourut le 17 du même mois. On proclama le lendemain le Prince *Jean*, Empereur de toutes les Russies, & le Duc de Courlande, *Ernest Biron*, Régent ou Administrateur. La Princesse *Anne*, mere du jeune Prince, fut nommée Régente le 10 de Novembre de la même année. *Elisabeth Petrowna*, enfin, la plus proche héritiere du Trône, étant la propre fille de *Pierre le Grand*, rentra dans ses droits, & monta sur le Trône Paternel le 25 de Novembre l'an 1741. Elle nomma l'an 1742, le 7 de Novembre, son neveu, *Pierre Fedorowitch*, fils de sa sœur *Anna Petrowna*, Duchesse de Holstein, Grand-Duc, & son successeur: l'Empereur *Pierre III* monta sur le Trône l'an 1761, le 25 de Décembre, & mourut l'an 1762. *Catherine II* son épouse, la *Grande* & la *Sage*, lui succéda, & se fit couronner le 22 Septembre de la même année, *vraie Mere de la Patrie*, les délices & le bonheur de son Peuple qui lui a donné ce beau titre.

ſes Peuples, & par conſéquent pour ſa gloire perſonnelle. Cet Eloge, mérité à tous les titres, eſt précédé de Réflexions hiſtoriques ſur les divers genres de Monumens publics dont les uns ont été élevés à la gloire des

---

Quant aux Armoiries de l'Empire des Ruſſies, elles ſont à peu de choſe près les mêmes que celles de l'Empire d'Allemagne, avec cette différence cependant, que dans celles des Ruſſies, il y a un Saint Georges à cheval ſur la poitrine de l'aigle, & perçant de ſa lance un dragon à deux têtes couronnées ; une Couronne Impériale couvre les deux autres Couronnes auxquelles elle eſt attachée par un ruban. L'on croit communément que les Czars Ruſſes ont pris cet aigle à double tête, parce que pluſieurs d'entr'eux avoient épouſé des Princeſſes Grecques ; tel, par exemple, le Grand-Duc *Waldimir I*, qui avoit épouſé *Anne*, ſœur de *Conſtantin VII*. Le Saint Georges n'a d'autre origine, ſans doute, que le reſpect & la vénération qu'on a dans le Nord pour Saint Georges, qui eſt le Patron de pluſieurs petits Royaumes voiſins de la Moſcovie, tels que la Mingrélie, L... L... la Géorgie, L... qui ſont tous Chrétiens, avec des Rits particuliers, vivant indépendans, ſans communion ni avec les Schiſmatiques, ni avec les Catholiques. Ce Saint Georges prouveroit aſſez ce qu'a avancé Voltaire, que le Patriarche de Moſcovie étoit anciennement le ſeul Souverain du Pays.

Mais ces Peuples depuis la deſtruction de l'Empire Romain & l'invaſion des Turcs, qui a fait ceſſer la communication avec les Peuples de la Mer Noire, ont vécu dans une trop profonde ignorance, pour qu'on puiſſe parvenir à vérifier ce fait au fond bien important pour l'Hiſtoire de l'Empire des Ruſſies ; ſans doute que MM. des Académies des Sciences de Pétersbourg s'en occupent. On peut dire ſeulement que dans ces petits Royaumes voiſins, les Catholicos ou .... y étoient extrêmement puiſſans, même dans le dernier ſiecle.

Les Souverains de Ruſſie depuis 870, c'eſt-à-dire, depuis *Rurick* juſqu'à *Waldomir*, qui le premier ſe fit Chrétien vers 987, n'ont eu d'autres qualités que celle de Prince depuis *Waldomir* juſqu'à *Iwan IV*. qui monta ſur le Trône en 1524. Ils ont porté le nom de *Grands-Ducs*, quoiqu'en Perſe ils le portent peut-être encore ; & depuis *Iwan* (1),

---

(1) *Iwan IV*. dont il eſt ici queſtion, eſt le plus grand de tous les Monarques, qui ont porté la Couronne Moſcovite avant *Pierre I*. Le regne d'*Iwan* fut un mêlange de grandeur & de barbarie ; l'on rapporte de lui un trait fameux. L'Ambaſſadeur d'un Prince d'Italie s'étant couvert en ſa préſence, il lui fit clouer ſon chapeau ſur la tête. Cet exemple n'effraya point *Jérôme de Boſe*, Ambaſſadeur de la Reine d'Angleterre ; il oſa mettre ſon chapeau devant le Czar. Ignores-tu, lui dit le Monarque, de quelle maniere j'ai puni, dans ton ſemblable, une pareille audace ? Je le ſais, répondit généreuſ

Princes & des Grands Hommes qui s'en étoient rendus dignes par leurs vertus & leurs actions ; les autres par la crainte, la flatterie ou le fanatisme des Courtisans & des Peuples qui en consacrerent souvent à des Princes tyrans qu'ils craignoient.

---

qui le premier se fit appeller *Czar* ou *Tzar*, ils ont porté ce titre jusqu'à *Pierre le Grand*, salué Empereur par l'Ambassadeur d'Angleterrr en 1710, & qui se qualifia ainsi à Paris en 1721. Depuis cette époque le titre d'Empereur est par toute l'Europe donné aux Princes Souverains des Russies, & la France, au moyen des Reversales, reconnoît cette qualité inhérente au Trône Russe.

Chaque Souverain est Législateur en Russie; mais comme la plupart des Loix sont dispersées, nous ne remarquerons que celles qui sont venues jusqu'à nous, & leurs Auteurs selon l'ordre Chronologique, depuis l'établissement de la Monarchie jusqu'à présent. Ces Législateurs sont les Grands-Ducs : *I) Yaroslaw I. Wladimirovitch & II) Isu Slaw. Yaroslavowitch*, dont nous avons des Loix très-anciennes, c'est-à-dire, de l'onzieme siècle, nommées *Prawda Rouscaïa*, qui sont tirées des Annales de Novogorod & imprimées à St-Petersbourg, l'an 1767, III) le Czar *Ivan Basiliewitch*, dont nous avons un Code de Loix, nommé *Soudebnic*, qui fut composé l'an $\frac{7062}{1554}$. Il est imprimé à Moscou, l'an 1768. IV) Le Czar *Alexey Mighailowitch*, dont nous avons un Code de Loix, nommé *Oulochenié*, qui fut imprimé à Moscou l'an $\frac{7156}{1648}$. La deuxieme édition se fit à Saint Pétersbourg l'an 1737. Ce Souverain commença aussi à se servir des troupes régulières l'an $\frac{7156}{1648}$, & leur donna plusieurs Réglemens Militaires. V) L'Empereur *Pierre le Grand*, dont nous avons plusieurs Codes, comme sont : 1) Le Code Militaire qui fut achevé à *Dantzig*, l'an 1716, le 30 de Mars; on en a plusieurs éditions ; celle de l'an 1753 est en Allemand & Russe. 2) Les articles de guerre avec la forme des Procès Militaires & les exercices, dont on a aussi plusieurs éditions. Celles de l'an 1755 & 1756, sont en Russe & en Allemand. 3) Le Code Maritime de l'an 1720. La troisième édition est de l'an 1763. 4) Le Réglement de l'Amirauté, la deuxieme édition est de l'an 1764. 5) Le Réglement de Marine. 6) Le Réglement Ecclésiastique de l'an 1721, du 14 de Février, réimprimé l'an 1766 dans l'Imprimerie Synodale de Moscou;

---

sement *de Bose* ; mais je suis l'Ambassadeur d'une Reine qui a toujours la tête couverte & qui saura bien se venger si l'on outrage son Ministre. Voilà un brave homme, s'écria le Czar en se retournant vers ses Courtisans, d'oser agir & parler ainsi pour les intérêts de sa Souveraine ! Qui de vous autres feroit la même chose pour moi ?

Nous disons ensuite combien il est utile aux Princes qui voyagent pour s'instruire, de parcourir tous les divers Monumens qui en quelque sorte seront pour eux des leçons vivantes & instructives.

---

7) Le Réglement général pour tous les Colléges. La troisiéme édition est de l'an 1735. 8) Le Réglement du Magistrat de l'an 1721, du 16 de Janvier. La deuxième édition est de l'an 1743. 9) Le Réglement du Collége des Manufactures du 3 de Décembre de l'an 1723, & 10) le Réglement du Collége des Mines du 10 de Décembre, l'an 1719, imprimé à Saint Pétersbourg l'an 1721 &c. VI) l'Empereur *Pierre II.* qui nous a donné le Code Cambial de l'an 1729, le 12 de Mai. Il y en a plusieurs éditions; celle de Moscou de l'an 1768 est en Russe, Allemand & Latin. VII. L'Impératrice *Anna Ivanowna*, qui a fait imprimer toutes les Loix de *Pierre I*, depuis l'an 1714 jusqu'à l'an 1725. Il n'y en a qu'une édition faite l'an 1739 à Saint Pétersbourg. On a encore de cette grande Princesse: 1) un Réglement de Marine pour la Douane, avec un Traité de Salutation entre la Russie & le Dannemarck de l'an 1730, le 30 d'Octobre. L'édition de l'an 1731 de Saint Pétersbourg est en Russe & Allemand, 2) le Tarif des marchandises, qui sortent & qui entrent, est aussi imprimé à Moscou, l'an 1731, dans l'Imprimerie du Sénat, 3) Le Réglement du Corps des Cadets de la Milice de terre, &c. On y doit joindre, 1) le Traité entre *Sa Majesté Impériale* de toutes les Russies & le *Chagh* de Perse, conclu à Retché, dans la Province de *Guilan*, le 21 de Janvier l'an 1732, imprimé à Saint Pétersbourg en Russe & en Allemand, 2) le Traité d'Amitié & de Commerce entre l'Empire de toutes les Russies & la Couronne de la Grande-Bretagne, conclu à Saint Pétersbourg le 2 de Décembre, l'an 1734. VIII) L'Impératrice *Elisabeth Petrowna*, qui a fait imprimer les Loix de l'Impératrice *Catherine I*, & de *Pierre II*, depuis l'an 1725 jusqu'à l'an 1730. Il n'y en a qu'une édition faite l'an 1743 à Saint Pétersbourg. IX) L'Empereur *Pierre III* qui a donné la liberté à la Noblesse Russe par une Sanction du 18 de Février, & un Etat avec une instruction à la Faculté de Médecine, du 28 du même mois, l'an 1762. C'est dommage qu'on n'a pas la suite des Loix émanées depuis l'an 1730 jusqu'à l'illustre regne de *Catherine II*, dont nous avons déja, 1) les Codes des Loix qu'Elle a données Elle-même depuis l'an 1762 jusqu'à l'an 1764, en trois volumes. Le premier contient toutes les Loix émanées depuis le 28 de Juin de l'an 1762, jusqu'à l'an 1763, imprimé la même année à Moscou dans l'Imprimerie du Sénat. Le deuxieme renferme les Loix publiées depuis le premier de Janvier de l'an 1763, jusqu'au premier Juillet de la même année, imprimé à Saint Pétersbourg l'an 1764, dans l'Imprimerie du Sénat. Le

Enfin, ce Discours est terminé par la Description d'un Monument public & projetté pour être élevé à peu près au centre de la Capitale des Russies, Saint-Pétersbourg, sur les bords des superbes quais qui contiennent la Newa, fleuve rapide & large qui traverse la Ville. Ce Monument présente un Temple majestueux, au centre duquel l'on apperçoit *Catherine* II environnée d'une infinité de Groupes allégoriques aux vertus & aux talens supérieurs de la Souveraine, & forment une sorte de Poëme mis en action.

Un deuxieme Discours présente le Tableau de tout ce

---

troisieme comprend toutes les Loix données depuis le premier de Juillet jusqu'à l'an 1764, imprimé à S. Pétersbourg, l'an 1767, dans l'Imprimerie du Sénat : 2) Un Réglement de Marine de l'an 1765, imprimé à S. Pétersbourg l'an 1766, dans l'Imprimerie du Corps des Cadets de la Marine ; 3) l'Instruction pour la Commission chargée de dresser le projet d'un nouveau Code de Loix, donnée au jour de l'an 1756, le 14 de Décembre. Il y en a plusieurs éditions en Russe, en Latin, en François, en Italien, en Allemand, & même en Grec ; 4) le plan général de la Maison des Enfans Trouvés de l'an 1763, du premier de Septembre, imprimé à Saint Pétersbourg la même année ; 5) l'Etat Civil pour le Sénat dirigent & tous les Colléges de l'an 1763, du 15 de Décembre, imprimé à Saint Pétersbourg la même année ; 6) l'Etat Ecclésiastique de l'an 1764, du 26 de Février, imprimé à Saint Pétersbourg la même année ; 7) le Réglement d'Education pour deux cens Demoiselles, tirées de la Noblesse, imprimé à Saint Pétersbourg l'an 1764 ; 8) le Réglement du Corps des Cadets pour la Milice de terre, imprimé à Saint Pétersbourg l'an 1766, dans l'Imprimerie du même Corps ; 9) les Priviléges & le Réglement de l'Académie des Arts, du 4 de Novembre, l'an 1764, imprimé dans l'Imprimerie du Sénat à Saint Pétersbourg ; 10) l'Etat du Collége de l'Amirauté & de ses dépendances, du 11 de Février l'an 1764 ; 11) l'Etat de la Flotte du 5 de Septembre l'an 1764 ; 12) l'Instruction du Collége de Médecine de l'an 1763, 13) celles des Colonels de l'Infanterie de l'an 1764, & 14) celle des Géometres de l'an 1766, &c.

qui s'eſt paſſé en France, au ſujet des voyages qu'y ont faits, ſous le regne dernier & celui-ci, les Princes Souverains, *Pierre I*, Empereur des Ruſſies; *les Princes de Suede* aujourd'hui regnants; le Roi *de Dannemarck*; l'Empereur *Joſeph II*; enfin, *Leurs Alteſſes Impériales des Ruſſies* ſous les noms & titres *de Comte & de Comteſſe du Nord.* Puiſſe leur exemple ſervir de modèle aux autres Princes & Souverains du Monde, qui voudront s'inſtruire dans l'art de regner, & ſe mettre de plus en plus à portée de rendre leurs Peuples heureux!

FIN DE L'INTRODUCTION.

DISCOURS
A MESSIEURS
DE L'ACADÉMIE IMPÉRIALE
DES SCIENCES
DE PÉTERSBOURG.

MESSIEURS,

SI votre Inſtitution eut pour objet de porter de nouvelles lumieres dans l'Hiſtoire & les Belles-Lettres, de rétablir les textes altérés par l'ignorance des Copiſtes ou des Interprètes, d'éclaircir ceux qui ſont obſcurs, enfin de peindre, mais de la maniere la plus énergique, les exploits ou les faits qu'il importe de conſacrer à l'immortalité; elle n'a pas eu moins la prérogative de perpétuer la mémoire des événemens importans, d'expliquer les reſtes précieux de l'Antiquité, de célébrer les triomphes de ſes Souverains, de tranſmettre à la poſtérité les actions héroïques, celles de leur bienfaiſance, de faire ſentir aux peuples la ſageſſe & l'utilité de leurs Codes de légiſlation en les leur faiſant aimer; enfin de chanter leur gloire, en la conſignant à jamais dans les précieux dépôts de vos ſavantes productions.

Vous le ſavez, MM. lorſqu'il s'agit de tranſmettre aux ſiécles futurs les vertus & les actions des grands Souverains, on ne le peut qu'avec le ſecours de l'Hiſtoire & ceux des Monumens publics. Les uns & les autres de ces moyens sont également durables; mais peut-être les derniers ont-ils des avantages supérieurs, en ce qu'ils sont mieux apperçus, plus fortement sentis du général des hommes, & par conséquent bien plus utiles.

En effet, les Monumens fixés dans les Places Publiques ne semblent-ils pas avoir un double avantage en parlant aux yeux de tous les spectateurs sans distinction, & en les occupant d'une maniere instructive, par conséquent utile, puisqu'elle frappe leur vue & leur rappelle sans cesse les actions héroïques & les traits de bienfaisance de leurs anciens Maîtres.

Les plus anciens Peuples connus sur le Globe ont consacré à la mémoire de leurs Souverains des Monumens divers dans leurs villes, pour perpétuer parmi eux les actions généreuses ou les triomphes de ces Princes chéris. Les uns commencerent par élever dans les Places publiques des Pyramides, des Obélisques ou Colonnes, en chargerent les bazes d'inscriptions, de chiffres, d'attributs analogues aux tems, aux circonstances, & même d'hiéroglyphes, sans toutefois y placer aucune image du Héros qu'on eut intention de célébrer.

D'autres construisirent des Temples à la mémoire des Princes ou même des grands Personnages qui furent les bienfaiteurs de leur Patrie : ils érigerent dans l'intérieur de ces édifices, qu'ils regardoient en quelque sorte comme sacrés, des Autels ornés d'attributs qui retraçoient leurs actions de valeur, de justice & de bienfaisance : souvent même la postérité les regarda comme des Dieux Tutélaires qu'elle honora long-tems.

Une infinité de peuples décorerent seulement les entrées de leurs villes d'Arcs de Triomphe, faisant allusion allégorique au regne de leur dernier Souverain, qu'ils assimiloient souvent avec leurs Dieux mêmes.

Le plus grand nombre érigea, par la suite, des Statues aux grands Hommes de la Nation, & les plaça ou sur les voies publiques ou à côté même de leurs tombeaux : pour toute inscription, le nom seul du Héros étoit gravé sur le socle. Denis d'Halicarnasse & une infinité d'autres Auteurs Grecs, qui les premiers exercerent avec le plus grand succès l'Art Statuaire & celui de la Peinture, déclarent qu'ils n'eurent d'abord d'autre intention que d'exprimer les traits & les caractères des grands Hommes, leurs Héros, pour conserver parmi eux le souvenir de leurs actions.

Ce Peuple habitant un climat tempéré, favorisé de la Nature par un sol fertile dont les productions de toutes les espèces tant animées que végétales, étoient belles, salubres & abondantes, sembloit, en quelque sorte, participer aux avantages que cette région favorisée des plus douces influences du Ciel lui procuroit, en ne présentant aux Artistes Statuaires que des modèles parfaits en tout genre : aussi vit-on, dans cette contrée heureuse, les Arts s'élever rapidement au plus haut degré de perfection : semblables à ces plantes qui n'attendent pour fructifier qu'un terroir qui leur soit propre. Disons encore que la Liberté assise sur le Trône des Rois qui gouvernoient leurs Sujets plutôt en Peres qu'en Maîtres, favorisa chez ce peuple le goût pour les Beaux Arts.

Tout ce qui étoit Monument public devenoit sacré pour les Grecs, & rien n'étoit épargné pour l'embellir : à Athènes le Pyrée (1), le Céramique (2), le Péoyle, le Prytanée, le Portique

(1) *Le Pyrée*, port qui contenoit aisément 400 vaisseaux ; il réunissoit à la commodité, la plus grande sûreté, étant renfermé dans une enceinte de murailles de deux mille pas, qui se joignoit aux murs de la Ville.

(2) Suidas rapporte que hors des murs d'Athènes, il y avoit un vaste espace appellé *Céramique*, où ceux qui avoient été tués au service de la Patrie étoient inhumés aux

le Lycée, les places & les chemins publics offroient à chaque pas les ſtatues des Dieux, celles des Héros, ou les tombeaux des grands Hommes.

Les Romains, vainqueurs de ces Grecs ſi célébres, qui furent toujours leurs modèles & leurs maîtres dans la carriere des Arts, nés ſoldats, ne connoiſſoient d'autres ſentimens que l'amour de la gloire & de la Patrie, ni d'autre ſupériorité que celle des armes. Ce peuple uniquement guerrier étoit donc peu ſuſceptible de ces combinaiſons, de ces opérations fines de l'eſprit, de cette adreſſe de la main qu'exigent les Arts de goût; auſſi le plus grand honneur qu'on décernât aux Héros des premiers tems de Rome, fut-il ſimplement une colonne ſouvent tronquée, ſur laquelle leurs noms étoient empreints. Ce ne fut même qu'un ſiecle après la conquête de la Grèce, que les atteliers des Statuaires à Rome commencerent à être garnis de leurs propres travaux, mais toujours exécutés d'après les beaux modèles qu'ils avoient emportés par droit de conquête d'Athènes, de Syracuſe, d'Ambracia, de Thèbes, de Sparte, de Mycènes & autres villes. Toutes les ſtatues qu'on vit à Rome avant qu'elle n'eût porté ſes armes dans la Grèce, étoient les ouvrages d'Artiſtes Etruſques : telle fut, par exemple, celle du grand Apollon, de bronze, faite après la victoire de Spurius Carvillus ſur les Samnites, l'an 461 de Rome, & qui fut placée depuis dans le Temple d'Auguſte.

Chaque ſiécle, chaque peuple, ainſi que nous venons de l'obſerver, a eu ſur l'objet des Monumens ſes intentions, ſes principes, ſes formes & ſes uſages. Les Egyptiens, les Chinois

---

frais de la République qui honoroit le lieu de la ſépulture d'une tombe ſur laquelle on gravoit une inſcription qui faiſoit connoître le perſonnage & les actions qui lui avoient mérité cette diſtinction.

même, les Grecs, & fur-tout les Romains, enrichirent leur pays d'une fi grande quantité de ces fabriques en tous genres, que malgré le laps des fiécles, les révolutions des tems & des peuples, il en refte prodigieufement encore de confervés dans toute leur beauté, & qui fuffifent pour nous fervir de modèle dans les Arts.

Si nous jettons un regard fur l'Europe moderne, & que nous parcourions l'intervalle immenfe des années qui fe font écoulées depuis la fondation des Empires jufqu'au tems préfent, nous ne verrons point qu'il fe foit élevé, dans aucune contrée, de Monument public tant foit peu recommandable à la gloire d'aucun Prince, jufqu'au quinzieme fiécle, époque à-peu-près de la renaiffance des Lettres & des principes du bon goût dans la partie des Arts. La Suede eft peut-être le Royaume qui nous fournit les plus belles & les plus anciennes fabriques dans les fiécles éloignés.

L'exercice de la Religion Chrétienne femble en quelque forte avoir profcrit toutes autres efpèces de conftructions étrangeres à fon culte ; c'eft vraifemblablement la raifon pour laquelle nous voyons le grand nombre de Bafiliques anciennes dont la conftruction ne fert qu'à nous rappeller la barbarie des fiécles d'ignorance, le goût bifarre de l'Architecture Gothique & de la Sculpture dont les édifices font couverts, & pour ainfi dire enveloppés par une multitude de ftatues & d'ornemens, tous d'une fabrique lourde & groffière, éloignés de toutes les proportions que préfente la belle nature, fans aucune expreffion, & qui en un mot nous confirment que le génie de l'homme étoit, dans les premiers tems de la Chrétienneté, abfolument éloigné des premieres regles du beau, regles qui feules peuvent conduire au grand, fur-tout au vrai, qui n'eft qu'un dans tous les genres

La crainte & la flatterie ont souvent consacré des Monumens publics à l'orgueil des Tyrans; mais c'est en s'éloignant du but moral de cette louable institution, qu'on a sans doute perverti l'intention des vrais Citoyens, qui voulurent donner de nouveaux alimens à la vertu, en lui donnant cette espèce de récompense, ou au moins perpétuer la reconnoissance qu'ils ressentoient des services que des Etres rares & bienfaisans leur avoient rendus; ainsi les Monumens, envisagés sous ce rapport intéressant, n'ont certainement eu pour objet dans leur principe que la plus grande utilité publique, qui ne peut jamais exister sans la vertu.

En effet MM. pourquoi chez les Nations les plus civilisées de l'Univers, vit-on toujours les Places publiques, les Portiques, les Temples, les Ports, les chemins publics même décorés de Statues & de Tombeaux des personnages les plus célébres, si ce n'est pour perpétuer la mémoire de leurs talens, & sur-tout de leurs vertus patriotiques, les recommander à la vénération de la postérité, & exciter non-seulement leurs successeurs, mais tous les Citoyens, à mériter les mêmes honneurs, les mêmes récompenses?

Nous ne vous parlerons point des aqueducs, des fontaines, des canaux, des égoûts, des ponts, des voies publiques, dont l'utilité générale ne sauroit être contestée; mais si nous considérons les Obélisques, les Arcs de Triomphe, les Colonnes, les Temples élevés à la mémoire des grands Hommes, ou d'autres Monumens de la même espèce, il est certain qu'ils eurent un autre genre d'utilité: celle de consacrer à l'immortalité des vérités utiles, des loix sages & fondamentales, des événemens mémorables ou des actes de générosité & de grandeur d'ame, ou même souvent des actions de valeur; tels, par exemple, furent les Obélisques chez les Egyptiens, les Colonnes d'Antonin &

de Trajan, celle sur-tout appellée *Lactaria* (qui répond à l'édifice si connu à Paris sous le nom *des Enfans-Trouvés*,) chez les Romains, où l'on portoit les enfans à la mamelle que les parens trop pauvres ne pouvoient nourrir; ainsi que cette autre si connue par cette inscription, *Index Belli ferendi* (sur laquelle l'on affichoit les déclarations de guerre ou de paix).

Quant aux Arcs de Triomphe, il est évident qu'ils eurent le double objet de perpétuer la mémoire de quelques exploits glorieux des Empereurs ou de leurs Généraux; enfin de construire à la Métropole de l'Empire des portes décorées pour en rendre les avenues plus majestueuses & plus imposantes.

Envisagés sous des rapports politiques, les Hypodrômes, les Cirques, les Théâtres, les Amphithéâtres, les Colisées, eurent pour objet d'attacher les peuples à leur Patrie par la pompe & la variété des spectacles; d'amuser l'inquiétude d'un peuple immense, turbulent & guerrier; d'occuper aux travaux publics, lors des tems de repos, les Troupes dans toutes les Provinces de l'Empire; de prévenir, par le moyen de cette sage politique, les factions suite de l'indiscipline, & les excès suite de l'oisiveté; d'entretenir le corps du Soldat dans l'action, conserver par-là ses forces & le maintenir dans une santé pure qui ne pourroit que prolonger sa carrière; enfin de leur faire trouver Rome leur patrie, plus intéressante encore en leur montrant, pour ainsi dire, Rome par tout.

Il est donc à présumer, MM. que telle fut l'intention des Peuples qui construisirent les Fabriques immenses dont nous venons de parler, & dont il reste encore des vestiges, quelques débris amoncelés, d'autres épars çà & là, & qu'on trouve répandus dans les Contrées de l'Italie, dans celles des Gaules, actuellement la France, & autres pays que conquirent les Romains.

Tels sont les Monumens publics que vos Princes viennent de parcourir en Observateurs Curieux.

Parmi l'immensité de recherches que nous avons faites, MM. sur les Monumens publics, tant anciens que modernes, nous n'avons point oublié les grands objets qui, dans les premiers siécles de l'origine de votre Empire, ont pu l'intéresser, & nous n'avons pas passé sous silence, par conséquent, cette fameuse Statue colossale, qui sous une forme humaine tenoit une pierre enflâmée dans la main, & qu'on adoroit à *Nowogrod*; c'étoit aux pieds de cette idole, ainsi que les Annales de votre Empire l'attestent, qu'on entretenoit un feu perpétuel de bois de chêne: & la tradition de cette Contrée nous apprend même que si le feu étoit venu à s'éteindre par la négligence des Ministres servant cette Divinité, ils eussent aussitôt été punis de mort.

Nous lisons encore que dans la Province d'*Obdorie* on voit toujours une Idole de la plus haute antiquité que les habitans appellent *Zolota Baba*, ou *la Vieille d'Or*, quoiqu'elle ne soit cependant que de pierre. C'est l'image d'une vieille femme tenant un enfant sur son giron, & en ayant un autre à côté d'elle; on lui offre des fourrures les plus précieuses, & on lui frotte le visage & les yeux du sang des Bêtes qu'on tue à son intention.

On ajoute même (1), (suite de la superstition du Peuple) que la montagne sur laquelle cette Idole est placée, rend continuellement des sons comme ceux de la trompette, ou comme le mugissement des bœufs: ce qui peut naturellement se faire par des canaux soûterrains, où l'air passant produit cet effet.

Il ne paroît point que les Moscovites, les Russes, les Tartares ni les Sarmates ayent eu des Temples. *Jean Melet* qui a sé-

(1) Hodocpor Rhutenicum Jacob Dan.

journé

journé pendant long-tems dans le Duché de Prusse, en Samogitie, dans la Lithuanie & la Livonie, dit que ces Peuples sacrifioient jadis aux Démons, & que malgré la lumiere de l'Evangile, dès long-tems reçue dans ce pays, le Peuple pratiquoit encore en secret ces abominations.

Mais, MM. ce qui étonnera toujours le Philosophe Observateur, qui se transportera dans ces siécles reculés, & dans ces contrées sauvages & habitées, qui certainement n'avoient jamais eu de correspondance avec les Peuples du Midi, habitans au-delà des mers; c'est lorsqu'il réfléchira sur cette sorte d'analogie de culte avec celui de ces autres Peuples; lorsqu'il verra des Prêtres Sacrificateurs, des Autels, des Feux sacrés scrupuleusement entretenus sous peine de mort, des holocaustes, du sang humain & celui des animaux répandu, des Idoles, des Temples, des Dieux bons qu'on révère, des Dieux méchans ou Démons qu'on craint & qu'on implore; & ces Dieux avoient leurs noms caractéristiques. La premiere de ces Divinités, répondant au Jupiter, Dieu des Tonnerres, s'appelloit *Perum*; ceux qui lui étoient subordonnés s'appelloient Chocs, d'Ashbog, Stribon, Semagl, Mokosch, & Wolasz, Dieu des Troupeaux: d'autres étoient les Dieux des Saisons, des Moissons, des Festins, des Mers, des Fleuves. Il semble même que les anciennes Divinités Russes avoient au moins beaucoup d'analogie avec celles des Romains & des Grecs, puisqu'ils avoient une Vénus, un Cupidon, une Pomone & autres.

Que concluera-t-il encore ce Philosophe Observateur? que les Arts même n'étoient point ignorés de ces Peuples barbares, puisqu'ils connoissoient & exerçoient l'Art Statuaire & l'Architecture: ce qui confirme cette opinion, est l'existence des vestiges d'un Temple de Druïdes qu'on apperçoit encore dans la Suède aux environs de Stockholm; & ce Temple environné de puits très-profonds, où sans doute l'on égorgeoit les Victimes, paroît encore cerclé de fer pour en conserver les murailles.

Nous ignorons dans quel siécle le Génie créateur des Artistes Russes est sorti du néant ou de l'enfance, & si les Villes ou Bourgades de ces contrées sauvages contenoient des Monumens dignes d'être rappellés à la postérité.

Un Etranger, fixé dans sa Patrie par état & par devoir, ne peut entreprendre un semblable travail, quoiqu'il soit porté par goût à connoître tout ce qui intéresse les divers objets de l'antiquité qui peuvent se trouver épars dans tous les pays. C'est vous, MM. qui jaloux, sans doute, de transmettre à la postérité les recherches en ce genre qui intéressent votre Patrie, devez vous occuper désormais à éclairer l'Univers sur cette partie si essentielle.

Nous laissons donc à vos Savans Historiens le soin de rapprocher sous un seul point de vue les événemens mémorables de votre antique Monarchie, arrivés depuis votre Fondateur Rurick, jusqu'à Pierre premier, surnommé le Grand.

Michel de Lomonossow, Historien profond, votre contemporain & Associé, vient de satisfaire à cet égard la curiosité des Savans de l'Europe. Eh ! que pourrions-nous ajouter à ses observations raisonnées, à ses recherches laborieuses & savantes puisées dans les meilleures sources ? On voit qu'il n'a rien négligé pour remplir la tâche immense & pénible qu'il s'étoit imposée (1).

Bornons-nous donc à développer sommairement, ou plutôt à

---

(1) Les principales sources où ce Savant Historien a puisé sont *Nestor*, Moine du Couvent de *Peczerisch* à *Kiow*, vivant dans les onzieme & douzieme siecles.

Stuffen Bucher (*Stepennyja Kuigi*), Hist. des Emp. Russes.

Poterich de *Peczerskii*, autre Historien des Moines du Couvent de *Peczerisch* . . . & autres Hist. de la Nation dont la plupart Religieux.

vous rappeller dans ce Discours les hauts faits du Czar *Pierre premier*, & ceux de *Catherine Alexiewna II*, votre grande Souveraine, & les établissemens dans tous les genres que ces Souverains ont formés dans leur Empire, & sur-tout dans votre Capitale moderne.

Croyez encore, MM. que notre unique intention dans cette entreprise Littéraire est d'en instruire seulement mes Concitoyens, & non les vôtres qui sans cesse jouissent de ces Monumens élevés sous leurs yeux. D'ailleurs nous savons que M. Domachneff, illustre Directeur de votre Académie, a trop bien rempli sur ce point le vœu de vos Sçavans & de tous vos Concitoyens, en leur offrant il y a peu d'années un Discours tellement profond, éloquent & énergique, que nos meilleures plumes Françoises eurent peine à rendre en notre Langue toutes les richesses du génie de cet Orateur & Académicien Russe.

Nous devons encore vous assurer, MM. que si nous n'eussions fait au commencement de 1779 un Hommage Littéraire dans ce genre à votre Auguste Impératrice, & que même nous adressâmes à votre illustre Compagnie, jamais nous ne nous fussions occupés de traiter un sujet qui l'a été si éloquemment par le Nestor de votre Littérature. Pardonnez donc à l'Orateur François, si vous trouvez dans son Discours quelques traits si souvent répétés dans vos Eloges Académiques : c'est sans doute qu'il lui eût été trop difficile & même impossible de vous entretenir du voyage en France de vos Princes *Leurs Altesses Impériales des Russies*, sans vous parler de leur Auguste Mere votre Souveraine, & du Prince, premier fondateur de votre Capitale.

Il étoit sans doute dans l'ordre des décrets de la Providence, MM. que votre antique Monarchie éprouvât un jour une révolution générale dans sa constitution, & telle que les autres Empires du Monde entier en ont éprouvées dans l'intervalle immense des siécles qui se sont écoulés depuis leur formation ; mais devoit-on s'attendre que cette révolution se feroit sentir tout-à-coup par la volonté d'un seul homme?

En effet, ce Génie plus qu'extraordinaire paroît sur la Scène du monde, & va changer de face dans un seul instant, pour ainsi dire, par des opérations calculées & méditées, le vaste théâtre que les droits du sang lui ont destiné : ce n'est point l'effroi qu'il va porter parmi les Mortels que la loi soumet à son Empire ; il ne couvrira point de sang ni de carnage les approches de son Trône ni les habitations de ses sujets : il est homme lui-même, & veut, en quelque sorte, créer de nouveaux hommes à son image.

Semblable à ces feux bitumineux & souterrains, qui après avoir miné pendant des siécles les entrailles de la terre, ne trouvant plus de résistance, forment tout-à-coup une explosion terrible, ébranlent les fondemens du monde, s'échappent avec impétuosité dans les airs, & changent dans un clin d'œil la surface de la terre qui les couvroit; & cette superfice, jusqu'alors inculte, sauvage & déserte, devient aussitôt par cette secousse violente & ce bouleversement imprévu, fertile, abondante & habitée.

Tel se montra parmi vos Peres, MM. le *Czar Pierre I*, bien plus étonnant, sans doute, dans l'ordre moral de l'humanité, que les phénomènes extraordinaires dans l'ordre physique de la Nature ; vous l'avez vu, sous le plus âpre des climats, s'élancer de son propre génie, dans la carrière des plus vastes entreprises, parcourir d'un vol rapide les rayons du grand cercle qui l'environne, & comme un Astre brûlant, attirer à lui toutes les influences qui peuvent échauffer & vivifier des possessions immenses, qui depuis le principe de leur création sembloient en quelque sorte oubliées de la Divinité même qui les avoit tirées du néant.

Ce Prince devint donc le Phénomène le plus rare qui eût encore paru ſous le Ciel. Il créa tout dans ſes Etats, juſqu'à ſa Nation même : Arts, Sciences, Commerce, Navigation, Guerre, Politique, Légiſlation, Sociétés réunies, Villes, Temples ; tout enfin y paſſa dans le plus court eſpace de tems, de l'enfance à la virilité ; & cette Nation nulle, pour ainſi dire, avant lui ſur la terre, y joue maintenant un rôle diſtingué, & n'a peut-être déja que trop d'influence ſur le ſyſtême politique de l'Europe.

C'eſt ainſi que l'Art, ſecondé des travaux les plus pénibles & les plus conſtans, offre en Ruſſie une immenſité de chefs-d'œuvres dans l'ordre moral & politique, conſacrés également à l'utilité Publique, qu'on peut admirer.

Le premier & le plus étonnant, peut-être, eſt ſans doute une Ville conſidérable, St. Pétersbourg, conſidérée maintenant comme la Capitale de ce vaſte Empire, puiſqu'elle eſt le domicile ordinaire de ſes Souverains. Les principales conſtructions qui s'y trouvent conſiſtent en un Port vaſte, Arſenal, Fonderie, Corderie, tous édifices conſidérables ; Ecole de Cadets de terre & de mer, autres établiſſemens d'éducation pour les deux ſexes, & un très-grand nombre d'Egliſes Grecques & Romaines ; des Edifices publics & particuliers, des Palais & de grandes maiſons, couvrant un eſpace immenſe qui n'étoit encore il y a moins de 80 ans, qu'un vaſte marais. Lorſque cette penſée ſe réunit au ſpectacle des lieux, elle effraye.

Le ſecond eſt un très-beau Quai conſtruit ſur un des bords de la *Newa*, riviere rapide & profonde : cet ouvrage eſt digne, par ſa difficulté & ſa beauté, de la hardieſſe des Grecs & de la grandeur des Romains

Le troiſiéme & le plus intéreſſant, ſans doute, pour la Nation Ruſſe, eſt le ſuperbe Monument public élevé par *Catherine II*,

Impératrice régnante, à la gloire immortelle de *Pierre I*, surnommé le Grand.

Ce chef-d'œuvre dans toutes ses parties est d'un célébre Artiste François, *Etienne Falconnet*, qui dans sa Patrie s'étoit déja distingué par de beaux ouvrages, lorsque l'Impératrice régnante l'appella en Russie, où son génie fut encore encouragé par la faveur de cette grande Souveraine.

Si vous n'aviez pas, M M. ce Monument de gloire sous les yeux, nous nous empresserions de vous en donner la description, telle que nous l'avons sentie, d'après le rapport qui nous en a été fait par ceux même qui ont coopéré à l'exécution de cette grande entreprise (MM. les Chevaliers de Lascaris, Falconnet & Diderot, ce dernier l'un de nos meilleurs Philosophes-Littérateurs, & tous les trois Français), description que nous avons insérée très-au long dans nos Ouvrages sur les Monumens Publics de tous les âges, & qui semblera toujours intéressante à ceux qui ne pouvant juger par eux-mêmes de l'objet fixé dans la place publique, y verront au moins que l'homme est capable de surmonter les plus grands obstacles quand il entend la voix d'un Maître chéri qui l'invite à seconder ses entreprises, & l'excite à mériter des récompenses fondées sur l'honneur; capables quelquefois de le déterminer jusqu'au sacrifice même de sa vie: c'est ce que *Catherine II* sçait faire, ce qu'elle a fait, Elle qui, sans effort, oublie souvent son autorité illimitée, pour ne s'adresser qu'à l'amour de ses Sujets, lorsqu'il s'agit d'exécuter de grandes choses.

Vous le savez MM. la plûpart des Souverains ne reçoivent des hommages que de leurs Sujets: comme leur gloire ne s'étend guères au-delà des limites de leur Empire, elle n'intéresse pour l'ordinaire que très-foiblement les Peuples qui ne vivent pas sous leur domination; semblables à ces Dieux de la Fable dont le culte se bornoit quelquefois à l'enceinte du Temple que leur avoit érigé la superstition & le fanatisme.

Mais lorsque le Ciel propice fait asseoir sur le Trône une de ces âmes privilégiées qu'il semble n'avoir créée que pour manifester sa puissance, changer la destinée des Peuples, & causer les plus heureuses révolutions; la Terre admire d'abord en silence ce nouveau Phénomène: bientôt à ce silence profond & respectueux succédent les plus vives acclamations: les vertus & la gloire d'un Souverain bienfaisant & magnanime, fixent l'attention des climats les plus éloignés; l'Univers retentit de ses Eloges; les talens célébrent à l'envi ses louanges, & les Nations lui rendent de concert le juste tribut d'hommages qu'inspire la sagesse sublime de son administration, l'étendue de bienfaisance & l'héroïsme de ses actions éclatantes.

Le portrait que nous venons d'esquisser, *MM.* n'est point un de ces rêves politiques qu'une imagination exaltée par l'amour de l'Humanité, enfante quelquefois à la vue des miseres publiques; notre qualité d'Etranger à votre Patrie doit nous mettre à l'abri de ce soupçon; toute l'Europe y reconnoît au premier coup-d'œil votre Auguste Souveraine: elle y distingue les traits d'une grande Impératrice qui joignant aux talens les plus aimables de son sexe, les vertus mâles & énergiques des Héros, posséde au suprême degré la science profonde des plus grands Politiques & des plus célébres Législateurs. Pénétrés que nous sommes d'admiration à la vue de tant de merveilles, qui font la matiere ordinaire de tant d'entretiens politiques de nos Concitoyens Français, nous osons vous offrir cet hommage, MM. Il n'est, encore une fois, digne d'être présenté à votre Souveraine & à vos Augustes Princes, que par les motifs purs & désintéressés qui nous l'ont inspiré.

Le Français qui jouit, sous la plus sage administration, des précieux avantages d'un climat fertile & délicieux, voudroit pouvoir partager avec tous les peuples de la terre son bonheur & sa félicité. Né tendre & sensible, il s'intéresse vivement à la destinée de ses semblables; ses vœux seroient remplis si la terre n'étoit peuplée que d'Etres heureux : l'idée du despotisme & de la tyrannie, si opposés à l'heureuse constitution de sa nature, l'attendrit sur le sort des Humains qui en sont les victimes. Quelle douce satisfaction pour lui, lorsqu'une révolution inespérée brise leurs chaînes, met un frein à leur oppression, & leur rend cette précieuse liberté que la France tient de la Nature, & dont une orgueilleuse férocité pourroit seule, mais par des événemens plus qu'extraordinaires, la dépouiller!

Vos Souverains, MM. avant que le *Czar Pierre premier* parût sur son Trône, ne régnoient, pour ainsi dire, que sur des Esclaves : ce Prince, grand en tout, forma le premier, peut-être, le projet de rompre les fers qui tenoient sous le joug le plus accablant & le plus tyrannique, des Sujets malheureux; mais il étoit réservé à *Catherine II* d'exécuter cette grande & généreuse entreprise : ses mains ont enfin brisé des chaînes que le despotisme avoit forgées depuis plus de vingt siécles : elle sçavoit, sans doute, que cette autorité rigoureuse ne peut s'allier à aucune forme de Gouvernement : elle n'ignoroit pas que l'abus du pouvoir, passion terrible chez un Prince despote, entraîne toujours à sa suite des malheurs effroyables, qui, tôt ou tard, rejaillissent sur lui-même & sur ses Peuples avilis par un féroce esclavage; elle avoit calculé tous les effets désastrueux que devoit produire une autorité arbitraire, qui nécessairement substitue les passions désordonnées aux Loix de la sage Nature émanées de la Divinité; qui prodigue sans besoin le sang des Peuples; qui sans cesse agite les Sociétés réunies, dissout les familles, avilit la raison de son semblable,

blable, trouble & effraye jusqu'à sa conscience même.

Enfin, MM. à peine Catherine a-t-elle parcouru d'un œil rapide l'étendue de ses vastes Etats, à peine a-t-elle apperçu le principe qui fait mouvoir les ressorts de leur barbare administration, à peine enfin paroît-elle assise sur son Trône, qu'elle arrache aussitôt du Diadême qui va ceindre sa tête, le bandeau funeste du despotisme, teint de sang & d'horreur, & y substitue en caractères ineffaçables ces mots sacrés de *Bienfaisance*, de *Sagesse*, de *Justice*, de *Liberté* même. Vous le savez, ce fut dans son âme qu'elle trouva le Principe de tout bien, & vous vîtes au même instant éclore à ses côtés cette plante salutaire & chargée de fruits, qu'elle distribua aussitôt aux nombreuses Tribus de son Empire. Ces familles, accablées sous un joug rigoureux, ne furent pas plûtôt éclairées par ce nouvel astre vivifiant, qu'elles apperçurent tout-à-coup leurs malheurs & leurs peines, se dissiper : tel un vent du Nord chasse & entraîne avec rapidité les vapeurs infectes & humides qui désolent & donnent la mort aux Etres animés : participant en quelque sorte aux attributs de la Divinité, elle va donner à l'homme une seconde existence, une nouvelle vie, en lui procurant des jours heureux : c'est son éducation qui va l'occuper. Elle ne veut désormais pour Sujets que des hommes qui sçachent apprécier les droits de leur prééminence sur tous les autres Etres, pour qu'ils en jouissent librement, mais sans en abuser.

Si l'Auguste Princesse qui a précédé *Catherine II*, avoit conçu ce projet qui fait honneur à son âme, & doit rendre sa mémoire chere à la postérité ; si même *Elisabeth* douée de toutes les vertus, avoit déjà formé quelques établissemens de ce genre pour y recevoir la portion la plus noble de vos Concitoyens ; disons également qu'aujourd'hui *Catherine* les ayant portés à leur plus grande perfection, en les multipliant en faveur des deux Sexes de tous les âges & de toutes les conditions, en leur traçant de nouveaux Réglemens à suivre, en veillant particuliérement sur l'enfance du premier âge, en lui faisant administrer tous les secours qu'une mere tendre pourroit à peine donner elle-même à son fils chéri : oui, disons aussi qu'elle mérite les plus grands Eloges : le Tableau rapide que nous allons esquisser suffira seul pour vous en convaincre, MM. Mais je m'apperçois d'avance de l'émotion de vos âmes : vous prévoyez sans doute que je vais vous parler de ce nouvel établissement dont les Réglemens ont, peut-être, été empruntés de ceux que dicta Madame *de Maintenon* à notre premiere Maison d'Education de Saint-Cyr pour les jeunes Demoiselles de condition, pauvres, & qui, à ce dessein, fut construite sous les balcons du Palais & par les ordres de Louis XIV. Ainsi que ce Grand Monarque, MM. votre Sage & Bienfaisante Impératrice compare l'immense disproportion du bonheur qu'elle goûte, à l'infortune de ce nombreux, jeune & débile Sexe, fixé loin de son Trône, sans appui & sans secours. Touchée d'un spectacle si attendrissant, encouragée par la seule force de sa vertu, elle conçoit le projet d'attirer près de sa Personne Auguste cet essain de jeunes Colombes abandonnées. Il ne l'est plus ; un Asyle sacré, paisible, éloigné du tumulte des passions, est aussi-tôt préparé pour lui (1) : c'est-là que leur Souveraine, ou plutôt leur Mere, prend soin de leurs jours, veille à leur éducation en présidant elle-même à leurs leçons ; & si après trois lustres elles sont rendues au monde, à leurs familles, ce n'est sans doute que pour en faire l'ornement, la consolation, les délices : leurs

(1) Maison d'Education pour les Demoiselles de Condition, à l'instar de celle de S. Cyr en France. Depuis peu Sa Majesté Impériale vient de créer un semblable Etablissement pour les filles de Bourgeoisie.

vertus aimables, leurs talens acquis captivent les cœurs de leurs nouveaux Epoux, & bientôt une nombreuse postérité devient la récompense de leurs soins maternels : & c'est ainsi, MM. que *Catherine* sçait multiplier dans son Empire ses Citoyens & ses Sujets.

D'autres Edifices sont consacrés à la foiblesse infortunée (1) de l'Enfance, & renferment un peuple de Meres qui reçoivent dans leur sein mille victimes innocentes, fruits des passions licencieuses de meres désespérées d'être forcées de les dérober aux yeux de leur famille.

Tels sont, MM. les Monumens respectables qui intéressent l'Humanité & qui ont mérité à *Catherine* le plus beau des Titres, celui de Mere de ses Peuples : & telles furent ses vues patriotiques.

Mais en grande Souveraine, elle porte bien plus loin encore l'exécution de ses Systêmes politiques.

La Police raisonnée, ou plutôt la sage administration des Empires du Midi de l'Europe l'ont étonnée : & bientôt veut-elle placer le sien au niveau de ceux qui lui semblent les plus fortement & sagement gouvernés. La France, peut-être, va lui servir de modèle.

L'expérience, MM. le plus grand des Maîtres, a appris à votre Auguste Souveraine que l'un des plus grands malheurs pour un Etat, est sans doute de ce que la sage politique des Princes, n'a point encore prévu qu'il leur étoit essentiel, pour les soulager dans les détails de l'Administration, de s'associer des Citoyens qui eussent l'esprit de leur état, c'est-à-dire, celui de sagesse, d'équi-

(1) L'Hôpital pour les Enfans-Trouvés, & d'autres Hôpitaux pour les Malades, les Infirmes de tout sexe & de tout âge.

té & d'ordre ; qu'en outre ils fussent avantagés d'un travail facile & constant, par conséquent attachés à leur devoir, comme le Laboureur l'est à la glèbe : car c'est une erreur grossiere de supposer qu'une brillante imagination suffise à un homme, souvent même pris au hasard dans des emplois subalternes, pour occuper des dignités supérieures, & qu'on doive lui attribuer, comme on dit communément, *les vertus de la matiere premiere*, ou plutôt le regarder comme capable de tout & propre à tout.

Un Citoyen qui est placé aux pieds du Trône, qui agit par conséquent au nom du Souverain, doit donc avoir en partage l'expérience de sa dignité, les sentimens de l'honneur, la prudence & la retenue, vertus si essentielles aux hommes en place ; mais si la Nature ne lui a donné qu'une imagination exaltée, ou trop ardente, bien-tôt il se livrera à des écarts affreux qui entraîneront nécessairement avec eux le désordre. L'homme dont le penchant est sans cesse porté à satisfaire ses brutales passions, sacrifie tout pour les assouvir : alors ces Tyrans cruels, sans principes, ni même sans préjugés qui les contiennent, ne craignent plus rien, frondent les Loix les plus augustes, trompent, séduisent, ou en imposent à leur Maître, & portent les excès de leurs crimes jusqu'à mettre sourdement à prix les graces dont ils ne sont que les dépositaires : & c'est ainsi qu'ils oppriment le Juste, en autorisant, en protégeant même la corruption des mœurs publiques.

Mais, MM. il est encore d'autres trempes d'esprit, que *Catherine* connoît, d'autres caractères bien plus dangereux encore, dont les intentions ministérielles n'ont que le masque trompeur de la pureté & de la bonne-foi ; mais qui donnant dans des travers inconcevables pour vouloir suivre & réaliser des systêmes nouveaux, captieux & faux, le plus souvent suggerés avec adresse par l'intérêt particulier de Courtisans adulateurs, hommes vils, rempans & ambitieux, qui par l'exécution de leurs projets dangereux entraînent nécessairement le désordre, jettent l'allarme parmi les Citoyens mécontens de se voir ravir leurs prérogatives & leur état, compromettent l'autorité du Prince, flétrissent la splendeur du Trône, anéantissent l'honneur national, & arrachent du cœur des Peuples les Vertus sociales qui faisoient leur bonheur, leurs richesses, en ce qu'elles n'étoient souvent que le seul héritage qu'ils tinssent de leurs Peres.

Qu'un Prince bienfaisant par un naturel heureux, est donc à plaindre, d'être forcé de se choisir pour coopérateurs, des Citoyens pris au hasard, toujours sans expérience dans la partie d'administration qu'il leur confie, & dépourvus absolument des qualités que leurs postes exigent! *Les Peuples*, dit un Auteur célèbre, *sont moins souvent les victimes du sort que de l'incapacité de ceux que les Souverains mettent à la tête de leurs affaires.*

Un Monarque juste ne doit donc, autant qu'il le peut, attacher auprès de sa Personne que des hommes avoués, pour ainsi dire, de la Nation même, & appellés en quelque sorte par la voix du Peuple, (*vox Populi, vox Dei.*) La prospérité d'un Empire, la sûreté & la force des Loix, l'attachement des Peuples à leur Religion, à leur Souverain, à leur Patrie, à leurs foyers, dépendent absolument de la conduite & des opérations de ces Coopérateurs que le Prince s'est choisis & qu'il a rendus les dépositaires d'une portion de son autorité.

Concluons donc, mais toujours avec *Catherine*, qu'un Ministre incapable d'exercer les fonctions de sa place, fait plus de ravages dans un Etat, qu'une guerre de longue durée : ce dernier fléau, à la vérité, ravit à la Terre des hommes utiles ; mais au moins quelques années de paix la dédommagent-elles bientôt de cette perte malheureuſe. Diſons encore qu'une Adminiſtration injuſte, foible, ſans expérience & ſans mœurs, attaque, non-ſeulement le Citoyen comme individu, mais encore ravage ſouvent ſes propriétés, ſes droits, détruit ſourdement les Principes ſacrés qui cimentent les Sociétés & les uniſſent au Chef de la Nation : alors le découragement s'empare des âmes, & bientôt la vertu politique d'un Gouvernement s'affoiblit, les mœurs pures diſparoiſſent & font place aux torrens de la licence, des vices & des crimes.

Un Miniſtre vertueux eſt un bienfait, ſans doute, que le Ciel accorde aux Rois & à leurs Empires ; mais ſi les talens ſecondent en lui les intentions du bien, dès-lors le Souverain deviendra lui-même un Dieu tutélaire pour ſes Sujets.

Permettez-nous encore cette courte digreſſion, MM. « *Sire*, diſoit un Seigneur Français, M. le Duc de G..... au Roi de Pruſſe régnant, qui ſe trouvant à la tête d'un Corps de Troupes conſidérable, tendoit la main à un Officier blanchi par les années de ſes longs ſervices, & l'honoroit de mille expreſſions d'amitié, » Votre Majeſté m'étonne toujours de la voir adreſſer la » parole avec tant de bonté à tous ſes Officiers indiſtinctement; » mais il me ſemble qu'Elle fait un cas bien plus particulier en» core de ce vieux Serviteur, puiſqu'Elle le diſtingue ſur tous » les autres : probablement ſe propoſe-t-Elle de l'élever inceſſam» ment en grade ſupérieur ..... Il eſt vrai, répondit le Roi, que » j'eſtime beaucoup cet Officier qui remplit avec la plus grande » diſtinction ſa place, & c'eſt une récompenſe que je me ſuis fait » une loi de lui accorder en le traitant de mon ami, toutes les » fois que je le trouve à la tête de ſa Troupe ; mais il ſe croiroit » lui-même déplacé s'il occupoit tout autre grade ſupérieur à » celui qu'il a maintenant, dont il eſt ſatisfait, & que je lui con» ſerverai toujours.

Les Rois qui, ainſi que *Fréderic II*, ne doivent leur puiſſance qu'à eux-mêmes, qui conſommés dans l'Art de régner, & ſur-tout exercés dans la profonde étude de connoître & d'apprécier les hommes pour les faire agir à volonté, ont ſeuls droit ſans doute d'adreſſer des leçons aux Monarques leurs contemporains, moins expérimentés qu'eux dans l'adminiſtration de leurs Etats.

En effet, ſi l'Art de la guerre a été porté au point où il eſt maintenant en Europe, à quelle Puiſſance en eſt-on redevable? à celle de Pruſſe ſeule, dont le Monarque créa en quelque ſorte ſes Etats, compoſa un Code de légiſlation qu'il mit auſſitôt en vigueur, forma une Tactique raiſonnée & inconnue juſqu'à lui, étendit le Commerce, vivifia l'Agriculture, & ſe maintint toujours grand par ſa profonde politique & ſes talens ſupérieurs de gouverner les Peuples qu'il ſçut ſoumettre à ſon pouvoir. Profond lui-même dans les Sciences abſtraites, occupant ſes loiſirs à l'exercice des Lettres & des talens agréables & de goût, protégeant les Arts utiles en tout genre, il ſçut faire d'une Nation la moins civiliſée de l'Europe une des Nations la plus philoſophe, la plus guerriere par principe, la plus induſtrieuſe dans les Arts méchaniques, & la rendre enfin ſur tous les objets la rivale même des autres Puiſſances limitrophes de ſon Empire.

La premiere étude d'un Monarque eſt donc de chercher à connoître les hommes qui approchent ſa Perſonne auguſte: & à l'exemple de *Frédéric*, de *Catherine* & de *Louis*, de ne les élever en dignité que quand il leur reconnoît les vertus & les talens qu'exigent les places auxquelles il les deſtine.

Votre Impératrice, MM. pénétrée de toutes ces vérités, s'eſt d'abord créé un plan vaſte, profond & ſûr. Elle n'a fait appercevoir le jeu compliqué de tous ſes reſſorts, qu'après l'avoir réaliſé dans toutes ſes parties, & que les réſultats en ont été démontrés nécessaires & utiles à son gouvernement. Elle manquoit d'hommes capables de la seconder, elle en forma aussitôt pour toutes les parties d'une Administration générale; ne pourrions-nous donc pas assurer que de toutes ses opérations, cette derniere fut incontestablement son premier chef-d'œuvre?

Mais, MM. ce n'est point à un Etranger éloigné de vos contrées à prononcer sur l'exécution d'objets dont vous êtes les témoins intéressés; c'est de vous plutôt de qui toutes les Nations doivent apprendre que ce n'est plus la crainte servile, mais la sage raison qui dirige maintenant vos Concitoyens soumis aux loix équitables que leur a dicté votre Auguste Souveraine: & croyez, MM. que cet acte signalé de bienfaisance, qui met le comble à sa gloire, n'a pu que produire dans toutes les Capitales des Royaumes étrangers, & singulièrement dans celle de la France, la plus vive sensation.

Par exemple, MM. l'Europe revient à peine de l'étonnement où l'ont jettée les progrès rapides de la Marine Russienne. Déconcertée par ce Phénomène politique, elle semble douter encore des prodiges qui se sont passés sous ses yeux. Le Moscovite, relégué dans des Marais au fond de la Mer Baltique, sembloit ne s'occuper qu'à se rendre redoutable sur terre; on ignoroit presque qu'il eût des chantiers & des hommes capables de commander des vaisseaux, lorsqu'elle ose former le hardi projet de porter le fer & le feu à travers des Mers qui lui sont inconnues, jusques dans Constantinople même, d'en chasser l'efféminé Sultan, d'affermir son Trône sur les débris du sien, & de le reléguer pour toujours dans les vastes déserts de l'Asie.

Les premieres nouvelles qui annoncerent que cette Puissance alloit déployer ses Pavillons dans l'Archipel & braver les foudres des Dardanelles, ne furent reçues que comme un rêve politique,

tique, une chimère follement éclose sous la plume des Journalistes toujours avides du merveilleux; mais que ne peut pas une Souveraine, qui joint à toutes les graces de son sexe, si propre à faire aimer & respecter l'autorité, l'ame sublime & créatrice du *Czar Pierre?*

Catherine fait un signe, & déja une flotte redoutable sort du sein des flots avec le plus imposant appareil : elle réalise, pour ainsi dire, la Fable de Pirrha qu'on prendroit pour un emblême & une allégorie des prodiges que l'Univers admire dans cette Impératrice. La Dowina voit sortir de ses roseaux des vaisseaux dont l'Espagne, l'Angleterre & la France s'enorgueilliroient, & la sauvage côte de Finlande, jusqu'alors fréquentée par quelques misérables Pêcheurs, s'étonne des Vaisseaux & des Frégates qu'on construit à Riga & à Revel; Cronstadt fait entendre sa voix impérieuse; & toutes ces forces réunies s'avancent majestueusement vers le célébre détroit du Sund.

Ames vulgaires, qui, jugeant de la grande ame de *Cathèrine*, par votre débile & flottante politique, ne regardiez cet appareil formidable que comme un vain épouvantail; voyez ces Escadres, après avoir jetté l'allarme dams Stockholm, effrayé Copenhague, traverser le Détroit périlleux du Sund, parcourir la Mer d'Allemagne, voguer sur la Mer du Nord, étonner l'Océan par cette nouveauté, braver les tempêtes & les orages des Colonnes d'Hercule, parcourir avec une noble fierté toute l'étendue de la Méditerranée, mépriser les vains efforts de Maroc & d'Alger, en imposer à toutes les Puissances de l'Italie, jetter en passant un coup-d'œil de pitié sur les tristes débris de la Puissance de Venise, rendre hommage à la bravoure de Malthe, déployer son Pavillon dans l'Archipel, & annoncer à la Grèce gémissante sous un joug tyrannique, que le Ciel propice vient mettre fin à ses malheurs, en la délivrant du plus féroce despotisme.

Quel spectacle touchant, MM. que celui qu'offre la Grèce dans ce moment inattendu ! Seroit-ce donc abuser de nos Divines Ecritures, que de répeter après elles *lætentur insulæ multæ ?* Avec quels transports de joie, Céphalonie, Candie, Négrepont, Lemnos, & cent autres, voyent ce Pavillon redoutable & ces foudres flottans qui viennent rompre leurs fers & les venger de leurs impitoyables Oppresseurs! La Morée, la Macédoine, l'Albanie volent au-devant de leurs Libérateurs : la consternation & la famine ravagent la Capitale de l'Empire Ottoman : les foibles vaisseaux du Grand-Seigneur cherchent honteusement leur salut dans leur fuite ; ils se réfugient à l'envi dans l'Hellespont, comme le seul asyle qui pût les mettre à couvert des foudres de *Catherine*: le fameux détroit de Gallipoli, quoique hérissé de canons, de mortiers, & de Soldats, craint toujours une surprise ; les Bachas effrayés sont abandonnés de leurs Troupes vénales & indisciplinées, la terreur se répand dans la Syrie, & de-là dans toute l'Asie Mineure, le soulevement devient presque général ; les Peuples opprimés par l'absurde & féroce politique de la Porte, demandent à grands cris de vivre sous les loix pleines d'humanité de *Catherine*. Le Caire tremblant & déconcerté s'attend à chaque instant à voir substituer, sur ses antiques murs, l'Aigle Russe, au Croissant : tel un vautour pressé par la faim, répand la terreur parmi les nombreux oiseaux qui voltigent au retour de l'aurore dans un sombre bocage.

En vain le Capitan Bacha a ordre, sous peine de la vie, de s'opposer à ce torrent impétueux ; il ramasse à la hâte ses forces dispersées ; le Pavillon Russe impatient de se mésurer avec lui & de décider la querelle, le cherche, l'atteint, l'attaque, le foudroye, l'oblige à prendre une fuite honteuse, & ne lâche prise qu'après avoir exterminé les Tyrans de la Grèce & des Echelles du Levant. La Mer Égée n'étoit pas le ſeul Théâtre des forces navales de *Catherine* : ſes flottes enorgueillies de ſeconder ſes projets, donnoient la loi en même-tems à la Mer Noire, & à la Mer d'Aſoph. Le Tartare de Crimée, brigand inquiet & farouche, eſt obligé de recourir à ſa clémence, & de ſe ſoumettre à ſon autorité.

Si, d'un autre côté, nous jettons les yeux ſur la Mer Caſpienne, nous verrons flotter le Pavillon de *Catherine* qui y tient en reſpect l'inquiétude toujours renaiſſante du Sophy de Perſe, tandis que ſes Armées de terre triomphent dans la Bulgarie, dans la Moldavie, ſur le Danube qu'elle groſſit du ſang Ottoman : ſes Drapeaux volent en même-tems en Géorgie, en Mingrélie & en Circaſſie, où ſes Généraux font des prodiges de valeur. Si la Mer endommage ſes flottes, Arcangel s'apprête à lancer ſur la Mer Glaciale de nouveaux vaiſſeaux qui mettront le comble à ſa gloire, & le dernier ſceau à ſon immortalité. C'eſt après tant de Victoires, que la paix la plus glorieuſe pour elle, & la plus humiliante pour le Croiſſant, a enfin terminé les querelles qui diviſoient ces deux Empires.

Mais, MM. ſi *Catherine* ne s'étoit illuſtrée que par des Conquêtes, elle auroit à la vérité rendu ſon nom célébre dans l'Hiſtoire, & ſes peuples redoutables à ſes voiſins : ſa gloire en cela reſſembleroit à celle de ces fameux Conquérans dont on ne ſe rappelle le ſouvenir que par les flots de ſang qu'ils ont verſés : ſes triomphes accumulés ſur les débris des Armées Ottomanes & Tartares, ſeroient peut-être le germe fatal des malheurs de ſes héritiers ; car telle fut toujours la ſuite des exploits militaires. Il n'appartient qu'à ceux qui ignorent les Annales du Monde de douter qu'un peuple victorieux ne ſoit vaincu à ſon tour. Plus les ſuccès ſont rapides & glorieux, plus ils provoquent l'animoſité & irritent les deſirs de vengeance : d'ailleurs le poiſon de la proſpérité enivre & amollit à la longue les Nations les plus belliqueuſes, & les rend à leur tour la proie de leurs ennemis.

La grande ame de *Catherine*, ſa politique profonde, ſon amour tendre pour ſes ſujets, ne lui eût pas permis de perdre de vue ces grands principes d'adminiſtration. Son but, en rendant ſes Armées invincibles, & en attachant la Victoire à ſon char, a été, ſans doute, de s'aſſurer une paix ſolide qui lui permît de civiliſer à loiſir ſon peuple, de le dépouiller de ſes préjugés groſſiers, de l'éclairer, de lui inſpirer le goût des Arts & des Sciences, & d'achever le grand ouvrage que *Pierre le Grand* avoit conçu, mais qu'il ne lui avoit été poſſible que d'ébaucher.

L'eſclavage qui dégrade l'homme, qui l'abrutit & qui eſt l'opprobre de l'humanité, a fixé l'attention de votre Souveraine, MM. Supérieure au ridicule orgueil qui ſe plaît dans l'humiliation de ſes ſemblables, & au vil intérêt qui s'établit le centre des richeſſes pour donner du reſſort à l'ame flétrie du Moſcovite, elle a briſé, ainſi que nous venons de l'obſerver, le joug honteux ſous lequel il gémiſſoit & qui l'attachoit, pour ainſi dire, à ſon champ, comme un animal domeſtique qui l'aidoit à le cultiver. La nature outragée pendant tant de ſiécles d'ignorance & de barbarie, a applaudi à cet acte d'humanité & de juſtice : elle eſt rentrée dans ſes droits primitifs ; l'ame a pris ſon eſſor ; & le Moſcovite reprenant une nouvelle vie, a été transformé en un nouvel être : bientôt ces Tyrans ſubalternes qu'on appelle Boyards ſuivent l'exemple de leur Souveraine, & rompent des fers qui annonçoient à toute l'Europe la férocité de leur pouvoir & l'âpreté de leur caractere, perſuadée que de ſages loix dépend la proſpérité d'un Empire & la félicité publique.

Catherine, Emule des Juſtiniens, des Théodores, des Frédérics, s'occupe avec la plus vive ardeur à tracer un Code de Légiſlation, non pas le meilleur poſſible, mais le plus convenable à ſes Peuples. Elle met à contribution les plus ſages loix de tous les ſiécles, de tous les pays, de tous les climats ; conſulte ſcrupuleuſement les Savans les plus célébres, charge des hommes capables, de compulſer le Code & Digeſte des Nations éclairées de l'Europe, compare & rapproche le Droit Commun d'avec les Coutumes Locales, fouille dans toutes les Bibliothéques, calcule les raiſons, les autorités, les convenances ; & la balance à la main, elle fait à ſon Peuple le plus beau préſent qui jamais ſoit parti d'un Souverain.

A la place de ces Tribunaux iniques & mépriſables, où ſiége l'ignorance honteuſe & la criante partialité, elle fait choix d'hommes auſſi diſtingués par leurs mœurs & leurs lumieres, que par leur intégrité, à qui elle confie le droit ſacré de rendre la juſtice à ſes ſujets.

C'eſt toujours avec un nouveau tranſport, MM. que je parcours l'éloquent Diſcours à votre Compagnie, de votre Orateur Ruſſe M. de Domachneff : en même-tems qu'il m'éclaire de ſon flambeau dans ma courſe littéraire, je me ſens échauffé du beau feu de ſon génie. Eh ! qu'il me permette du moins d'emprunter quelques-unes de ſes expreſſions ; loin de les dénaturer, je vais les aſſimiler dans toute leur pureté à celles de votre Impératrice même, & de mon Héros Roi - Philoſophe : cette aſſociation de penſées, de ſentimens purs, toujours réverſibles au bien de l'humanité, n'eſt-elle pas faite pour donner de l'énergie au Citoyen Ruſſe, au François même qui les lira ? Je commence.

Admirez, dit votre Orateur, *l'effet de cette généroſité récipro-*

que entre les Peuples & leurs Souverains. Chacun court, à l'envi, s'inscrire (1) *le sujet de* CATHERINE. *Jaloux d'un si beau titre, chacun s'empresse de lui apporter son tribut; & cette Princesse compte un million de sujets de plus. Observerons-nous à sa gloire, que cet acte si général, & dont l'opération s'est faite sans aucune intervention des autorités intermédiaires, est sans exemple dans les Annales du Monde? Monument immortel de la véritable grandeur des Rois & de la vraie félicité des Peuples, puisse-tu servir de modèle à tous les Gouvernemens!*

Mais pourquoi nous enthousiasmer ici, MM.? A cette opération que je vous peins si étonnante & si vaste, & qui pourtant a été exécutée avec une si grande facilité, il en va succéder une autre, plus étonnante encore, plus digne de figurer dans nos Fastes, & de les illustrer à jamais.

Le Philosophe couronné du siécle en a jugé ainsi lui-même. » Le » Monde, dit-il, avoit vu plus d'une Reine victorieuse; mais le » spectacle d'une Reine Législatrice étoit un phénomène qui n'é- » toit réservé qu'à nos jours (2).

Cette Reine est la nôtre, continue M. de Domachneff: *Catherine est ce phénomène. Agitée, & pour ainsi dire, tourmentée du désir de faire le bonheur de ses Peuples, sa voix a retenti d'une extrémité de son Empire à l'autre. Elle a rassemblé les Députés de toutes les Provinces, les Chefs de toutes les Peuplades qui reconnoissent sa domination. Que leur demande-t-elle? de lui exposer*

---

(1) Le dernier dénombrement pour la Capitation, en 1768, fut volontaire. Par ce dénombrement la population se trouva augmentée de plus d'un million d'hommes, sans compter les femmes.

(2) *Le Roi de Prusse*, dans sa Lettre sur le nouveau Code de *Catherine II*. Un suffrage tel que celui de *Frédéric II*, Législateur lui-même de sa Nation, équivaut à tous les Eloges.

leurs besoins & leurs plaintes, leurs griefs & leurs vœux. A quoi sont ils invités? à établir avec elle le bonheur de tous & le bonheur de chacun (1). *Qu'il est beau d'avoir conçu un projet aussi sublime & aussi vaste que celui du bonheur de tant de millions d'hommes! mais qu'il est bien plus grand de l'exécuter! Rois de la Terre, écoutez* CATHERINE; *& si vous êtes jaloux, comme elle, de rendre vos Peuples heureux, prêtez une oreille attentive à sa sagesse.*

Elle éclate dans ses Loix; elle brille dans les moyens qu'elle prend pour les faire réverer. Ces moyens, quels sont-ils? « C'est de » conduire (2) ses Peuples à leur plus grand bonheur par les Loix » qu'Elle leur donne; c'est de les convaincre qu'ils sont obligés, » par leur propre intérêt, à les observer inviolablement ». *Animés » de son esprit, calquez donc vos Loix sur les siennes, & vous les ferez également aimer.*

Voulez-vous connoître encore les moyens de prévenir les crimes? Elle vous en instruira.

« Faites (3), vous dira-t-elle, que les lumieres se répandent & » deviennent générales; que les hommes craignent les Loix, & » ne craignent qu'elles. Faites que les Loix favorisent moins les » différens ordres des Citoyens que leur universalité; & que » dans toute l'étendue d'un Etat, il n'y ait aucun lieu qui en soit » indépendant ».

---

(1) Manifeste pour la formation d'un nouveau Code des Loix, le 14 Décembre 1766, par lequel on invite les hommes de tous les états & de toutes les conditions de chaque Province, d'envoyer leurs Députés chargés de présenter le projet du meilleur Gouvernement, pour les habitans qu'ils représentent. Les instructions dont les Députés ont été munis, ont dévoilé aux yeux du Ministere tous les griefs & tous les besoins, non-seulement de toutes les Provinces, mais encore de chaque état d'homme en particulier.

(2) Instruction *de Catherine II*, pour la formation de son Code, article 43.

(3) *Ibidem*, articles 114, 143, & suivans.

Enfin, si les Loix n'ont pour objet que le bonheur de l'homme; si l'esprit qui les dicte ne doit avoir que sa félicité pour but, ouvrons le Code de notre Législatrice; voyons quels sentimens il respire par-tout : ouvrir ce Code immortel, MM. ce sera descendre dans son cœur.

» Faisant (1) partie de l'espèce humaine, dit *Catherine*, rien » de ce qui touche l'humanité ne sauroit m'être étranger ».

Le Créateur lui-même, cet Etre Suprême & bienfaisant, qu'on nous peint le pere & l'ami de ses créatures, tiendroit-il un autre langage, s'il vouloit parler à l'homme, s'il vouloit se manifester à lui par ses Loix? Il seroit difficile de l'imaginer.

Catherine continue : » un grand (2) malheur dans un Etat, ce » seroit qu'un Sujet n'osât représenter ses craintes sur un événe- » ment futur, excuser ses mauvais succès par le caprice de la » fortune; qu'il n'osât dire librement son avis ».

Tyrans de l'humanité asservie, fiers Despotes, qui prétendez soumettre nos consciences comme nos volontés, regner sur nos opinions comme sur nos actions, est-ce ainsi que vous traitez avec l'Homme qui vous est soumis? est-ce ainsi que vous respectez sa liberté naturelle dans vos Loix; que vous soutenez son courage, ou que vous ménagez sa foiblesse dans vos Institutions? La différence est énorme, sans doute; aussi la crainte est pour vous, l'amour pour CATHERINE*; vous ne formez que des Esclaves, elle n'a que des Enfans.*

De quel œil maternel elle les envisage tous! « Un Citoyen (3), » quel qu'il soit, dit-elle, Possesseur ou Cultivateur, Ouvrier

(1) Instruction pour le Code, art. 217, 520, 569, & suivans.
(2) *Ibidem*.
(3) Code des Loix de *Catherine II*.

» ou

» ou Marchand, Consommateur oisif, ou contribuant par son » travail aux objets de consommation, Maître ou Sujet, c'est un » homme : ce mot dit tout; ce mot seul impose à ceux qui gou- » vernent, la loi de subvenir à ses besoins; ce mot suffit pour leur » suggérer tous les moyens d'y satisfaire ».

Humanité Sainte! ah! c'est bien-là le langage que tu tiens aux bons Rois! Peres de leurs Peuples, Emules de Dieu même, ils ont une Providence universelle comme lui; une Providence qui ne faisant acception de personne, répand sur tout ce qui les entoure les trésors inépuisables de la tendresse qui les pénètre.

Aussi CATHERINE *conclut*, « qu'elle (1) se fera toujours gloire » de penser que ce n'est pas le Peuple qui fut créé pour elle; mais » que c'est elle qui fut créée pour le Peuple ». *Ce dernier trait acheve de vous peindre son cœur, MM. il met le comble à l'admiration immortelle des siécles, à la reconnoissance de ses Peuples, & à celle de votre Académie des Sciences de St. Pétersbourg, qui est devenue la dépositaire d'un Monument si cher à la Nation Russe.*

Mais, quel combat de générosité & de reconnoissance! Quel admirable conflit de modestie & de vertus! CATHERINE *se refuse à tous les noms flatteurs que l'amour lui offre; à tous les titres honorables de* SAGE, *de* GRANDE, *de* MERE DE SES PEUPLES, *que le sentiment lui défère, & dont elle est si digne!* « Dieu seul est » Sage, Dieu seul est Grand, dit-elle; il n'appartient à aucune de » ses foibles créatures de vouloir partager ces deux attributs avec » lui; & quant au titre de *Mere de la Patrie*, si ma vocation est » de le remplir, ce sera à la Postérité à juger si j'en suis digne (2). »

(1) *Ibidem.*

(2) Le Titre de *Grande*, de *Sage*, de *Mere de la Patrie*, fut offert à l'Impéra-

Sous les yeux pénétrans de *Catherine* tout change dans ses Etats; tout prend une face nouvelle, tout s'éclaire; tel l'Astre du jour précédé par la brillante aurore dissipe à son lever les ténébres profondes qui couvroient la surface du Globe; *Catherine* ne se lasse point dans sa course rapide, MM. elle veut atteindre le but de la perfection dans tous les genres: son génie infatigable ne rencontre point encore les limites qu'il n'est pas permis à l'homme de franchir; mais elle y aspire, & bientôt la vaste carriere qu'elle s'est ouverte sera parcourue.

Des Savans dans tous les genres & de toutes les Contrées de l'Europe, sont attirés, par l'appas des honneurs & des récompenses, auprès de son Trône.

Ainsi pour donner une consistance solide au but qu'elle se propose, d'abord elle jette les premiers fondemens de l'Académie des Curieux de la Nature sur le modèle des Académies de Paris & de Londres: déjà même cette Compagnie connue dans toute l'Europe, renferme dans son sein des hommes consommés dans les hautes Sciences, dont les travaux utiles contribuent infiniment à la gloire d'un Regne si fécond en merveilles (1).

Si nous ne parlions dans cet instant aux Membres qui la com-

---

trice dans une Audience solemnelle par tous les Etats de l'Empire, représentés par leurs Députés à Moscou, le 12 Août. Cette Princesse refusa tous ces Titres; mais les Etats en dresserent un Acte, & supplierent le Sénat de le conserver dans ses Archives. Ce sera un des plus beaux Monumens pour les Sujets, & pour leur Souveraine, aux yeux de la postérité.

(1) Les Voyages des Académiciens dans l'intérieur de la Russie pour les progrès de l'Histoire Naturelle, faits par MM. Pallas, Geuclin, Lépechin, Guildenstedt, Georghy, Lowitz & Falk, depuis 1768 jusqu'en 1775, dont plusieurs sont déjà publiés.

Les différentes Expéditions faites par ordre exprès de l'Impératrice pour l'Observation du passage de Vénus devant le Soleil, arrivé en 1769. Les Astronomes, tant Etrangers que Nationnaux, firent les Observations à Kola, à Gouviest, à Orembourg, à Ortk, à Jakoulzck, à Umbra & à Saint-Péterstbourg.

pofent, nous nous ferions empreffés, avec une forte de complaifance, de rendre hommage à leurs travaux utiles; mais nous devons ne nous occuper qu'à célébrer l'Augufte Princeffe qui en fut la Fondatrice.

Des Colléges & autres Maifons d'Education (1), font élevés à grands frais dans toutes les Provinces, fur les triftes débris de ces Ecoles barbares, où les Maîtres étoient prefque auffi ignorans que les Difciples. Des Géographes & des Aftronomes, diftibués jufques fur les confins de la Chine, fixent les limites de l'Empire & en font des defcriptions exactes pour éclairer la Souveraine, lui faire connoître l'étendue de fes poffeffions, de fes forces, & les moyens de répandre fes bienfaits fur des Contrées dont on ignoroit pour ainfi dire l'exiftence avant elle; c'eft encore par fes ordres que des Botaniftes éclairés & judicieux parcourent d'un œil avide les trois Regnes que recèle ce nouveau Pays. La Sybérie, le Kamiaka, font maintenant, grace à leur zèle infatigable, auffi connues que les belles Provinces de l'Europe. Un nouveau Monde enfin vient d'éclore à nos yeux dans ces Contrées fauvages & glaciales. (2)

Mais le premier, le plus refpectable, en ce qu'il eft le plus utile de tous les Arts, l'Agriculture, (3) s'empreffe de féconder des déferts affreux couverts de forêts & de ronces depuis l'origine du

---

(1) Entr'autres Etabliffemens d'Education, une Ecole pour les Enfans Grecs & autres Etrangers, profeffant la même Religion que la Ruffe, dont l'infpection générale eft confiée à M. de Mordriufu, Lieutenant-Général & Chef du Corps du Génie; & M. Rumovikq, de l'Académie de Pétersbourg, eft Inftituteur de cette derniere Ecole.

(2) La Découverte des nouvelles terres dans la Mer de Lamchatca faite par les vaiffeaux Ruffes expédiés par ordre de l'Impératrice.

(3) Ce fut en 1766, que *Catherine* forma le bel Etabliffement de la Société Libre de Saint-Pétersbourg pour l'avancement de l'Agriculture & de l'Economie.

Monde ; le Peuple Nomade, vagabond de sa nature, se fixe enfin dans le sein qui l'a vu naître ; des pays immenses sont aujourd'hui couverts de riches moissons. L'Agriculture en favorisant la population, enfante & nourrit les Arts utiles qui, à leur tour, ont été successivement transportés, & se sont, pour ainsi dire, domiciliés dans ce même Empire, où on ne cesse de les protéger parce que le Gouvernement n'a plus la stupidité d'en méconnoître l'importance.

Des Atteliers, des Manufactures en tout genre & de premiere nécessité, nourrissent & couvrent un Peuple immense que les Arts, l'émulation & la rivalité ont arraché à l'oisiveté, & par conséquent aux crimes & aux mœurs atroces : tout s'agite, tout s'anime dans cette vaste partie du Monde : chaque individu s'efforce de payer son contingent à la Patrie qui le nourrit, & concourt à l'Etat florissant qu'elle acquiert chaque jour.

D'autre part, le Commerce, enfant de l'Agriculture, se portant par une pente naturelle, vers les lieux qui secondent ses vues & favorisent ses travaux, a déja fait les progrès les plus rapides. Tous les Ports de mer de l'Europe ne sont plus étonnés de voir le Moscovite fréquenter ses Foires, rivaliser avec les Nations commerçantes, entrer même en concurrence avec les plus habiles, les plus opulens Négocians.

Bientôt Péterfbourg, Riga, Revel, Cazeau, Astracan, Azoph, le disputeront aux Villes les plus commerçantes. Des Chambres de Commerce ont été sagement établies dans les lieux qui en sont susceptibles. L'on vient même d'en ériger jusques à Tobolk, Capitale de la Sybérie. Constantinople, cette orgueilleuse Ville, a été forcée de se prêter à l'établissement d'un Consul Russe. On a fait de même dans toutes les Echelles du Levant & sur les côtes de la mer Noire : point d'Isle dans l'Archipel & dans la Mer Adriatique qui ne soit en correspondance avec l'Empire Russe. Un Canal destiné à réunir la Mer Baltique à la Mer Noire, à la Mer Caspienne & à la Mer Glaciale, fait circuler les denrées & les Marchandises du centre à la circonférence, & de la circonférence au centre. Des travaux immenses sont aussitôt entrepris pour détourner le cours de la Dwina qui par ses irruptions ravageoit Riga & ses environs : des digues sont opposées à ce torrent rapide, & Riga n'en devient que plus florissante, que plus belle, & les Cioyens qui l'habitent que plus tranquilles : c'est ainsi qu'après avoir opposé des digues redoutables aux passions humaines, *Catherine* en éléve contre les Elémens même, qu'ils ne pourront jamais franchir ni renverser. Une infinité d'autres villes malheureuses détruites par la foudre, ou incendiées par des causes secondes que l'œil vigilant de la Police ne peut jamais prévenir ni arrêter, sont aussitôt reconstruites des deniers du Trésor de l'Empire. O Citoyens de Toula, de Casan, de Dergebourg, de Derpt, de Stararonna, de Largopol, de Serpouchow, de Torgiok, d'Astracan, de Biolorod & d'une infinité d'autres Bourgades ; c'est vous qui pourriez nous dire à combien de millions de roubles se montent les bienfaits que votre Auguste Mere a versés dans vos Contrées pour réparer les ravages que les élémens ont faits sur vos habitations !

O Religion de vos Peres! voici l'instant même de ton triomphe! des Missionnaires infatigables que leur zèle apostolique conduit jusques sous le Pôle, arrachent à la barbarie, à l'erreur, des Peuples vagabonds & errans, chez lesquels on ne trouve presque pas de trace de la Loi Naturelle : en dissipant leurs épaisses ténébres, en les civilisant, elle en fait aussitôt des hommes utiles à la Société qui à son tour contribue à leur bonheur. (1)

(1) Empruntons encore quelque expression du Discours de M. de Domachneff, ne craignons même pas de confondre les dates.

L'antipathie Grecque pour le Catholique Romain disparoît insensiblement : celui-ci se montre avec assurance jusques aux pieds du Thrône, sans craindre les préjugés cruels d'une superstition absurde. Ah ! Citoyens du Monde ! quelle gloire pour *Catherine* & quel bien pour l'Humanité, si par son influence s'opéroit enfin la réconciliation si désirée des deux plus anciennes Eglises de l'Univers ! c'est un vœu que nous ne cesserons de former ; & plaise au Ciel qu'il se réalise un jour !

Toute autre Souveraine que *Catherine*, MM. croiroit en avoir assez fait pour sa gloire & la félicité de ses Sujets ; mais jalouse à l'excès de leur faire partager avec les Peuples les plus florissans les richesses de l'Amérique, elle employe encore les loisirs que lui laisse la paix glorieuse qu'elle a faite avec la Puissance Ottomane, à former un projet étonnant qui, peut-être, auroit échappé à la sagacité & au courage du *Czar Pierre Premier*.

Après avoir jetté à Archangel les fondemens d'une Marine redoutable, elle a essayé de doubler le Cap-Nord. Les Russes ses

---

La Fondation (dit-il dans les Notes de son Ouvrage) de l'Ordre Militaire & Religieux de Saint-George, est du 26 Novembre 1769, & l'Impératrice y attacha des pensions.

La nouvelle Eglise bâtie sur la Place de l'Amirauté est toute de marbre dont on a découvert des carrieres près de Pétersbourg.

Ce fut dès le commencement de la derniere guerre en 1769 que l'Impératrice institua un Service solemnel pour le repos des ames de ceux qui y seroient morts en combattant. Sa Majesté & tout l'Empire prend le deuil ce jour-là, & tous les Autels sont occupés à offrir des sacrifices pour les Héros de la Patrie. Cette solemnité, consacrée à leurs Mânes, fait le plus grand effet sur les vivans. Je ne connois de nos jours, ajoûte l'Orateur Russe, aucune institution dont l'objet soit si grand & si sublime . . . . . L'institution, libre & volontaire, d'une Oraison & Priere publique & perpétuelle aux pieds des saints Tabernacles, de 1000 vieux guerriers, telle qu'on la pratique à l'Hôtel des Invalides de Paris, présente encore un spectacle plus imposant & plus digne de vénération & de respect ; d'autant mieux encore que ce pieux exercice n'est absolument que volontaire.

Sujets animés de ſon courage, ayant bravé la faim, la ſoif, les orages, le froid glacial & les ténèbres preſqu'éternelles du Pôle, ſont parvenus à la Mer d'Anadir : cette Expédition eſt auſſi frapante que celle d'Améric Veſpuce & Gamma : ils ont formé des Etabliſſemens dans l'Archipel qui ſépare l'Aſie de l'Amérique ; & que leur manque-t-il maintenant pour avoir un Commerce libre dans la Mer du Sud ? un Pont dans la partie ſeptentrionale de la Californie : ſi ce Projet réuſſit, comme on a lieu de l'eſpérer de l'habileté de *Catherine*, de ſa prévoyance qui ſaiſit tout, & de l'audace, de la bravoure du Ruſſe, on verra bientôt Péterſbourg & Moſcou partager avec Madrid les richeſſes immenſes du Mexique, de la Nouvelle-Eſpagne, du Pérou, du Chily, des Philippines & de la Chine même : les mines du Potoſi ſeront vraiſemblablement un jour l'appanage de la Ruſſie.

L'influence de cette Puiſſance redoutable ſur les affaires générales augmente de jour en jour ; ſes ſuccès ſemblent annoncer les plus grandes révolutions dans le Syſtême politique de l'Europe : ne pourroit-il pas arriver encore que le Moſcovite dont on ignoroit preſque l'exiſtence il y a un ſiécle, fît bientôt payer aux Nations moins ſauvages qui ſe trouvent à ſon Midi, le mépris qu'elles ſe ſont permis contre lui ? Outrage, à la vérité, qu'on peut comparer à ces feux éphémères, qui ne ſe montrent que comme de foibles ſimulacres d'orages, & ſe diſſipent en ſe dévorant eux-mêmes, ſans jetter la moindre allarme aux habitans de la terre qu'ils ſemblent menacer.

C'eſt encore en vain, MM. que l'Anglois turbulent ſe flatte, peut-être, que *Catherine* venant au ſecours de ſes forces preſque épuiſées, déployera en ſa faveur toute ſa Puiſſance pour opprimer des Peuples de l'Amérique, au déſeſpoir, qui ne combattent que pour leur liberté & n'être plus tributaires d'une Nation qui depuis des siécles dévoroit ses propriétés. Vaines terreurs; fausses allarmes : la justice, l'humanité & la prudente politique empêcheront toujours votre Souveraine de donner dans le piége que lui tendent depuis long-tems ces Insulaires inquiets & remuans; la foudre n'est point dans ses mains pour favoriser leurs iniques prétentions, injurieuses même à toute l'Europe. Qu'ils cessent donc de s'arroger un vain phantôme de despotisme maritime : que leur Pavillon n'insulte plus avec audace celui des autres Nations : alors leur infortune, qui bientôt deviendra désastrueuse, fera oublier, peut-être, les maux infinis & injustes que leur orgueil, plus encore que leurs forces navales, ont fait à tous les Peuples commerçans de l'Univers. (1)

---

(1) Plus un Souverain s'opposera dans ses Etats à la liberté intérieure du Commerce, plus les Provinces qui les composent, quoique fécondes en productions, s'appauvriront à la longue : c'est une vérité trop généralement & malheureusement connue de tous les Peuples. N'en seroit-il pas ainsi de l'exécution d'un Systême extravagant qu'auroit conçu une Nation, Systême dont la base seroit un despotisme autorisé par la force seule ? Par exemple, l'Angleterre dont la Capitale se croit la Métropole de l'Univers, ne donne-t-elle pas dans cette erreur grossiere ? Enorgueillie de ses richesses, ne s'imagine-t-elle pas être Souveraine des mers, & ne regarde-t-elle pas les Nations des quatre Parties du Monde comme ses Tributaires? Quelle folie ! Rois de la terre, ne cherchez pas à étendre les limites de vos Empires; conservez avec honneur, avec force vos possessions; communiquez librement & sans orgueil avec toutes les Puissances du Monde; étendez ainsi votre Commerce, vous & vos sujets serez heureux, & regardez sur-tout les autres Souverains comme vos égaux, devenez par-là leurs Amis, leurs Alliés, vos Peuples le seront bientôt des autres Peuples.

Un Nouvelliste (*Faniente*) disoit un jour dans un Caffé, lieu public où par fois l'on dit des vérités, que si l'Europe établissoit jamais à l'instar de Paris une Maison de force pour les foux politiques, l'emplacement de la plaine de Grenelle, lieu spacieux à la porte de Paris, ne suffiroit pas pour y loger tous les turbulens de Londres, yvres de quelques prospérités passageres, qui leur dérobent les pertes plus réelles pour leur Isle, & dont tôt ou tard ils s'appercevront.

Concluons donc que la cause légitime de la liberté du Commerce & de l'indépendance, que l'Espagne, la Hollande & sur-tout la France, soutiennent aujourd'hui, est celle de toute l'Europe, de tous les Souverains & de tous les Peuples.

Ne croyez pas, MM. que la flatterie, moins encore la basse adulation, guident aujourd'hui notre plume en vous traçant la simple esquisse d'un tableau fait pour étonner l'Univers quand il sera terminé ; c'est à vous que la gloire de cette noble entreprise en est justement réservée. Mais que dis-je, MM ? les Mémoires Académiques, ou plutôt les Archives de votre savante Compagnie ne sont-ils pas déjà enrichis de ce Trésor Littéraire d'un de vos premiers Membres, sans doute traduit en toutes les Langues de l'Europe ainsi qu'il l'a été en la nôtre, par les soins de M. le Comte de Stroganoff qui l'a fait imprimer à Paris, en l'enrichissant du plus grand luxe typographique ?

Pour nous, MM. nous nous croirons trop heureux, si vous daignez seulement associer à vos immortels Ecrits cette Production littéraire qui, peut-être, n'aura d'autre valeur auprès de vous, que celle d'avoir célébré en un langage adopté maintenant par toutes les Nations, les vertus politiques & les talens sublimes d'une grande Souveraine, & fait nos efforts pour embellir son Eloge de fleurs dont l'Eloquence & la Langue Française sont susceptibles.

Oui, MM. votre Histoire célébrera avec plus de succès, sans doute, & avec bien plus d'énergie que nous n'avons pû l'entreprendre, les ressources déployées du vaste génie de *Catherine* ; ses entreprises fondées sur la plus profonde politique, & effrayantes, en quelque sorte, tant elles paroissent au-dessus de l'esprit humain : elle décrira ses conquêtes & ses succès prodigieux, qui ont fixé l'attention de toute l'Europe ; elle vantera son goût éclairé & exquis pour les Sciences & les Arts, publiera sur-tout les marques de générosité qu'elle n'a cessé de donner aux Sçavans & aux Artistes, de quelque Nation qu'ils fussent ; dévoilera les caractères de sa prudence, de sa fermeté, d'avoir, toujours à propos, sçu prévenir & terrasser les complots de la sourde jalousie, étouffé les flambeaux de l'envie, assoupi les fureurs des conspirations : elle admirera ſur-tout le courage de cette Héroïne célèbre, quand elle triompha de tous les obſtacles ſans jamais avoir perdu un ſeul inſtant cet équilibre qui toujours maintient les ames fortes dans la grandeur & dans la proſpérité: enfin elle conſignera à jamais dans les Familles qui compoſent votre Nation, les traits de bienfaiſance qui aſſurent à jamais à l'Empire Ruſſe des fondemens inébranlables: & elle dira, que ce fut à la ſage prévoyance de cette grande Princeſſe que la Population devint tout-à-coup immenſe dans ſes Etats; que l'Agriculture, Mere commune des Humains, dut ſon accroiſſement, ſon abondance; & le Commerce univerſel avec tous les pays du Monde, ſon extenſion, ſon activité & ſes richeſſes prodigieuſes.

Telle ſe montre toujours *Catherine* à la force de l'âge: & juſques où ne portera-t-elle pas ſa réputation, ſi le Ciel, comme vous avez lieu de l'eſpérer, lui réſerve des jours heureux & un long Regne? Sans doute que votre reconnoiſſance pour des bienfaits ſi multipliés, lui prépare déjà des Autels élevés ſur les fondemens de l'immortalité, & que vos illuſtres Concitoyens ſe diſpoſent maintenant à l'envi de conſacrer à ſa mémoire future un Temple décoré des attributs caractériſtiques de ſon glorieux Regne. C'eſt dans l'intérieur de ce Temple Auguſte où ſon Image ſera fixée, vous & vos Deſcendans l'y contemplerez, comme ayant été la Protectrice de vos droits, le flambeau qui éclaira votre raiſon, le ſoutien & l'embelliſſement de votre Empire, le modèle & l'exemple des Princes qui régneront après Elle.

Mais que pour célébrer encore avec plus de pompe la gloire de cette grande Souveraine, les Dieux même de l'Olympe abandonnent leur Séjour Céleſte, qu'ils ſe rendent au Portique de ce majeſtueux Temple, qu'ils y dépoſent à ſes pieds leurs Sceptres & toutes les marques diſtinctives de leur puiſſance, en ſe déclarant même ſes propres Sujets.

DESCRIPTION
D'UN MONUMENT PUBLIC,
PROJETTÉ POUR ÊTRE ÉLEVÉ A SAINT-PÉTERSBOURG,
ET CONSACRÉ A LA GLOIRE
DE CATHERINE II,
IMPÉRATRICE DE TOUTES LES RUSSIES.

PAR L'AUTEUR DE CES DISCOURS (1).

A PEU près au centre de la Ville de Saint-Péterſbourg, Capitale de la Ruſſie, ſur les bords de la Newa, dans un eſpace vaſte & apparent, non loin du Port, & à la proximité, autant qu'il ſe pourra, du Palais des Souverains, l'on propoſe d'y conſtruire une Colonade demi-circulaire, appuyée de magnifiques bâtiments qui for-

(1) Le deſſein coloré de trois pieds & demi ſur deux pieds & demi de hauteur, & ſous glace, richement encadré, repréſentant ce Monument public, fut envoyé en 1780 à Sa Majeſté Impériale par l'Auteur, M. l'Abbé de Luberſac : M. le Prince Potemkin l'ayant préſenté à Sa Majeſté qui voulut bien l'agréer, & le fit auſſitôt placer dans ſes Cabinets, où il eſt toujours, ainſi qu'ont bien voulu le rappeller, M. & Madame la Comteſſe du Nord, à l'Auteur même, lorſqu'ils l'ont apperçu à la Bibliothéque du Roi à Paris, le 2 Juin 1782.

meront une Place publique ſpacieuſe, & pourront êtr deſtinés à divers uſages publics, ſoit en Hôtel-de-Ville Maiſon de Gouvernement, Amirauté, Bourſes Publi ques, Compagnie de Commerce, Edifices particulier pour les Grands de la Cour, & même Salle de Spectacle

Sur le Pourtour de cette Colonade regnera une Ter raſſe découverte en plâte-forme : ces Colonnes qui l ſoutiendront, d'ordre Dorique, ſerviront de pieds-d'eſ taux à des Statues colloſſales en marbre ou en pierre repréſentant les Perſonnages illuſtres de la Nation : ce qu formera pour ainſi dire, une ſuite vivante de Princes de deux Sexes & d'Hommes célébres en tous les genres qu'aura produits la Ruſſie, & préſentera un coup-d'œi impoſant & intéreſſant aux Etrangers, ſur-tout aux Nationnaux. Les extrémités de cette Colonade circulaire ſeront terminées par de très-forts pavillons d'Architecture mâle, & décorée ſeulement de bas-reliefs caractériſan les Triomphes & les Etabliſſemens utiles de l'Impératrice régnante. L'un des deux ſera le Palais de Neptune; l'autre en oppoſition, le Palais de Mars : des bas-reliefs caractériſeront ces deux Edifices, & exprimeront les Triomphes de *Catherine II.*

Au centre de cette Place publique, & ſur les bords du Quai, on élevera un Temple circulaire, conſacré à la Mémoire de la Souveraine regnante, qui ſera environné d'eaux-vives, pour qu'aucun Mortel ne uiſſe y avoir accès : cet Edifice, d'une conſtruction majeſtueuſe & élégante, aura quatre principaux Portiques, ſur l'un deſquels ſera gravée cette noble, mais ſimple Inſcription :

CATHARINA IIa. TETHIS ALTERA.

La coupole de ce Temple ſera ſoutenue par quatre Grouppes de colonnes, composés chacun de quatre qui seront ſurmontés de grouppes perſonifiés.

Le premier de ces Grouppes déſignera les Etabliſſemens utiles d'Ecoles publiques pour la jeune Nobleſſe qui ſe deſtine au métier des Armes, & qui doivent leur aggrandiſſement à l'Impératrice régnante.

Le ſecond, la formation des Académies des Sciences, Inſcriptions & Belles-Lettres, & celle des Arts, auxquelles la Souveraine acccorde la protection la plus marquée.

Le troiſiéme, l'Agriculture perſonifiée, environnée de diverſes & riches productions de la Nature.

Le quatriéme enfin, exprimera le Commerce & l'encouragement que la Princeſſe donne chaque jour à toutes ſes branches, tant intérieures que maritimes, & qu'Elle a ouvert ſur toutes les Mers connues, & porté juſqu'aux extrémités du Monde.

La coupole de cet Edifice ſera ſurmontée d'un ſuperbe Grouppe repréſentant la Victoire dans ſon char, ſuivie & couronnée par la Renommée ſonnant de la trompette : le char roulant ſur des nuages ſera guidé par la Renommée elle-même, & traîné par deux Aigles noirs, ſymbole de la Ruſſie : leurs aîles déployées, traverſant les airs d'un vol rapide, & rencontrant dans leur courſe le Croiſſant, ſymbole de l'Empire Turc, ſaiſiront avec fureur, de leurs ſerres & de leurs becs redoutables, cet Aſtre brillant, lui déclareront la guerre, & par des efforts redoublés parviendront à le briſér : cette Victoire exprimera les Triomphes de *Catherine II.* ſur *Muſtapha III.* Grand-Sultan.

Catherine II. revêtue de ſes Habits Impériaux, la Couronne ſur la tête, tenant le Sceptre Impérial à ſa main droite, aura pour cortége divers Génies repréſentant les Grands de l'Empire ; ces Génies ſeront chargés des Attributs du Trône, de ceux des honneurs en tous genres, & des récompenſes ou marques diſtinctives accordées au Mérite & à la Valeur : cette Image de l'Impératrice en marbre blanc, d'une ſtature plus grande que nature, paroîtra debout, s'appuyant ſur Minerve qui l'accompagnera ; & s'avançant d'un air majeſtueux & fier du côté du Port où ſont ſes Flottes, elle appercevra Neptune, Souverain des Mers, monté ſur ſon Char, & abordant aux pieds du Temple; ce Dieu des Eaux ſera précédé de Dauphins & de Tritons ſonnant de la trompe, occupés à contenir les chevaux marins & fougueux attelés à ſon Char, au moment que leur Souverain en deſcend, armé de ſon trident ou aviron; il portera ſes pas vers l'Auguſte Princeſſe, qui par un geſte expreſſif, ſemblera lui donner auſſitôt le Commandement abſolu de ſes Flottes, & l'autoriſer à traverſer pluſieurs Mers inconnues aux Mortels.

Le char de Neptune ſemblera être ſorti d'un Antre profond, voûté en gros Rochers, à travers deſquels jailliront des ſources abondantes & écumantes par leur chûte précipitée: ces eaux viendront & tomberont du baſſin qui environnera le Temple.

Au côté oppoſé à cet Antre profond, d'où ſera ſorti, ainſi qu'on vient de l'obſerver, le Char de Neptune, l'on en appercevra un ſecond, non moins conſidérable, d'où l'on verra déboucher quatre Grouppes intéreſſans qui caractériſeront les quatre Mers que les Flottes de l'Impératrice ſe propoſent de traverſer pour aller attaquer celles du Grand-Sultan juſques dans ſes propres Ports. Ces quatre Divinités, ſuivies de Nayades & de Syrènes formant leur cortége, ſeront grouppées de maniere à faire voir qu'elles ſeront accourues juſqu'aux pieds du Temple conſacré à *Catherine*, pour lui offrir leurs hommages &

tributs caractériſtiques des Mers qui forment leur Empire : elles paroîtront également coëffées dans le coſtume qui leur ſera à chacune le plus analogue, & ſur leurs Urnes ou Coquilles on lira les noms des Mers ſoumiſes à leur Puiſſance.

Sur le haut des Rochers formant les voûtes de ces deux Antres, & ſéparées ſeulement par les degrés qui conduiſent au Temple, l'on verra ſur celle d'où Neptune eſt ſorti, une Colonne de belle proportion ; & à ſon pied un Grouppe coloſſal, repréſentant Hercule écraſant l'Hydre de ſa lourde maſſue : cette Allégorie exprimera les Conſpirations & Conjurations intérieures étouffées par la prévoyance & la ſage politique de *Catherine* : la Juſtice repoſant aux pieds de cette même Colonne, conſignera à jamais dans le Code National, les Loix ſages que *Catherine* a établies dans ſes vaſtes Etats. Ce Grouppe déſignera encore l'harmonie qui regne maintenant entre cette Souveraine, ſes Grands & ſes Peuples.

Sur la voûte de Rochers, oppoſée à cette premiere, l'on voit une Obéliſque que le *Tems* prend ſoin d'y fixer : l'Aigle noir qui termine l'Obéliſque, tient ſupendu, de ſon bec, le Fil de l'à-plomb.

La Muſe Clyo paroît debout ; & contemplant l'Impératrice, écrit ſon Hiſtoire ſur une des faces de l'Obéliſque.

SECOND DISCOURS

SECOND DISCOURS

SUR

LES VOYAGES EN FRANCE

Du Czar PIERRE *I*, DU *ROI* DE *SUEDE aujourd'hui Regnant*; *du* ROI DE DANNEMARCK, *de l'Empereur* JOSEPH *II*, *de Leurs Altesses Impériales* LE GRAND-DUC & LA GRANDE-DUCHESSE DES RUSSIES.

TERMINÉ par divers Tableaux exprimant la Réception faite à ces derniers, soit à la Cour de Versailles, soit chez les Princes du Sang & dans la Capitale.

DÉDIÉ *à l'Académie Impériale de Saint-Péterſbourg, par M. l'Abbé* DE LUBERSAC, *Abbé de Noirlac & Prieur de Brives.*

Vous avez donc franchi les Mers Hyperborées,
Ces immenses déserts & ces froides contrées
Où le Fils d'ALEXIS instruisant tous les Rois,
A fait naître les Arts, & les Mœurs, & les Loix ?

. . . .

— Oui, je viens m'éclairer, m'instruire auprès de vous,
Voir un Peuple fameux, l'observer & l'entendre.

Le RUSSE *à Paris*, *par* VOLTAIRE.

G

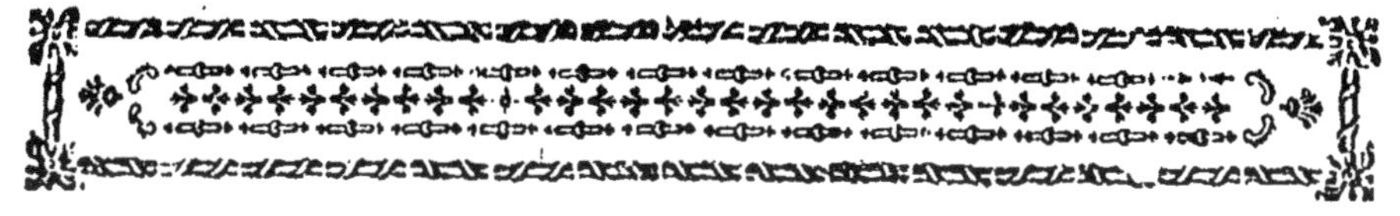

VOYAGES
EN FRANCE

Des Souverains du Nord, du Czar PIERRE I, *des* PRINCES DE SUEDE, *du* ROI DE DANNEMARCK, *de l'Empereur* JOSEPH II, *& de Leurs Altesses Impériales le* GRAND-DUC ET LA DUCHESSE DES RUSSIES.

O ATHÈNES de la France, Métropole de l'Univers, *Paris*, quelle gloire pour toi de voir les Souverains du Nord s'empresser tour-à-tour de rendre hommage à ta célébrité, à ta splendeur! Ces Princes, jaloux, sans doute, d'obtenir un jour de leurs Peuples les beaux titres de Grands, de Bienfaisants, eussent pensé ne pas les mériter s'ils n'étoient accourus du centre de leurs Etats dans l'antique & brillant Empire de la France, pour devenir témoins de tout ce qui s'y est fait, & juger par-là de ce qu'ils avoient à faire. L'ame se fortifie par l'exemple, comme l'esprit s'éclaire par l'instruction.

Vous nous l'apprenez, MM. le Czar *Pierre* votre Empereur, brisa le premier des fers qui depuis des siécles accabloient sa Nation, & ce fut la France qui lui dicta cette premiere Loi de la Nature, que l'homme ne veut point être l'esclave de son semblable : il doit seulement reconnoître la subordination qui lui est imposée, comme devant faire sa sûreté & contribuer à son bonheur.

D'autres Princes, sans doute, à l'exemple de ce grand Homme & voisins des Russies, quittent Stockholm leur Capitale, viennent au printems de leur âge puiser au sein de la nôtre des leçons dans le grand art de gouverner les Peuples; paroissent à la Cour de Versailles, y sont accueillis, apppréciés & jugés dignes de la destinée qui les attend. Tous les Temples des Arts, des Sciences & du Goût leur sont ouverts, & tous sont visités par eux avec empressement. C'est ainsi qu'après avoir parcouru les Etats du midi de l'Europe, ces Princes se rendent dans leur Patrie enrichis des connoissances & des découvertes heureuses qu'ils ont pu recueillir dans leurs voyages; mais bien plus utiles pour eux que celui des Argonautes ne le fut à Jason.

Le jeune Souverain de Dannemarck paroît ensuite à notre Cour: Louis XV. l'accueille avec cette bonté, cette affabilité qui tenoient au caractère de son ame, & qui lui soumettoient tous les cœurs.

Ce jeune Prince, après avoir visité nos Etablissemens les plus remarquables, nos Monumens publics en tout genre, se retire dans ses Etats, & bientôt il s'occupe à réformer des préjugés barbares enracinés depuis des siécles dans son Gouvernement; dicte à ses Tribunaux, à ses Peuples, des Loix plus sages, fondées sur la saine raison & la prudente politique; protége & encourage l'agriculture, ouvre un grand commerce dans toutes les Parties du Monde connu, enrichit son Royaume, & ne s'occupe que du bonheur de ses Peuples; & tels sont les fruits heureux que ce Prince sçut cueillir dans ses voyages.

Mais à peine Louis XVI. est-il assis sur son Trône, que bientôt l'héritier du plus bel Empire de l'Europe, son allié par le sang, se montre dans ses Etats. Ce Prince, disons plutôt ce grand Homme, se dépouillant de l'éclat de la Majesté Impériale,

& se cachant sous les dehors d'un simple particulier, arrive à notre Cour : les Grands, témoins d'une entrevue qui ne peut que devenir intéressante pour la France, partagent déja les transports d'allégresse que va ressentir notre Auguste Souveraine, sœur de ce Prince, qui devoit se croire séparée pour toujours d'un Frere si chéri.

Pardonnez, MM. si je vous entretiens ici de la sensibilité que ces deux grandes Ames durent éprouver en se revoyant : ce sentiment divin, ce cri de la nature se communique au même instant à tous les cœurs François. Eh ! quel spectacle plus ravissant pour des citoyens fidèles à leurs Maîtres, que celui d'appercevoir deux jeunes Monarques réunis, & de les entendre discuter sur les moyens de procurer le bonheur à leurs Sujets ; de les voir, pour ainsi dire, associer leurs vertus, & former une alliance d'amitié, alliance durable & sacrée que le Ciel favorisera sans doute pour la félicité de deux Empires jadis trop long tems divisés ; mais qui maintenant réunis, tiendront la balance de l'Europe !

Ce Monarque, sous le nom de *Comte de Falskenstein*, arrive dans notre Capitale : sa population immense & agissante l'étonne ; il croit se retrouver au centre même de ses Etats, tant il apperçoit d'Etrangers Nationnaux de son Empire qui l'environnent. D'abord il se livre à étudier en grand Politique toutes les branches de notre administration, nos prérogatives, nos libertés, nos mœurs, nos usages, nos Loix fondamentales : il visite nos Tribunaux où siègent les Interprètes des volontés du Prince, des droits & des intérêts du Citoyen François.

Jaloux de connoître notre Tactique Militaire, ce Prince se transporte au Champ-de-Mars, parcourt en Homme de guerre les rangs de notre premiere Phalange Française sous les armes, en admire la tenue, & rend justice au Chef Guerrier qui la commande, sur les savantes manœuvres qu'il a sçu faire exécuter aux Bataillons nombreux qui composent ce corps d'élite & redoutable.

Mais un Edifice sacré qui par son exhaussement semble se perdre dans les airs, frappe les regards de ce Souverain Etranger: ce n'est point une citadelle redoutable qu'il va visiter, MM. c'est un vaste tombeau consacré à la valeur; il entre sous ces voûtes majestueuses, habitées par des restes infortunés de Bataillons autrefois la gloire, la force & l'honneur de l'Empire des Lys. A son approche, ces Guerriers courbés par l'âge & les blessures, paroissent reprendre leur ancienne vigueur & s'écrient en le voyant :

« O Prince magnanime ! qu'autrefois nous apperçumes dans » les bras de votre auguste Mère, lorsqu'elle vous montra à ses » Bataillons pour les encourager au combat contre nous, voyez » nos membres couverts de cicatrices & souffrans : c'est aux » champs de Fontenoy, de Lauffeldt & de Raucoux que nous re- » çumes ces glorieuses blessures : votre présence nous fait mainte- » nant oublier nos douleurs; cet asyle sacré est devenu la récom- » pense de nos travaux guerriers : nos derniers momens y sont » tous consacrés à implorer le Dieu des Armées, pour qu'il » donne une longue suite d'heureux jours à notre jeune Monar- » que, l'objet de notre amour, de notre vénération, & aux autres » Princes qui, tels que vous, ne regnent que par la justice & » l'honneur. Fasse le Ciel sur-tout que des Rejettons sacrés vien- » nent embellir la Tige Royale des Lys! Nous savons, ô valeureux » Prince, que vous aimez vos Soldats, que vous vivez avec eux, » que vous en êtes adoré; soyez l'ami de notre bon Maître, » soyez-le à jamais. Vous nous avez donné dans la personne ado-

» rable de votre auguſte Sœur, maintenant notre Souveraine, un » gage ſacré pour nous, qui nous confirme & nous promet cette » alliance au moins pendant toute la durée de vos Regnes. Nous » formons des vœux, grand Prince, pour que nos Bataillons & les » vôtres ne ſe voyent jamais que pour ſe réunir & confondre leurs » Drapeaux pour marcher enſemble à la gloire ».

Après avoir viſité l'intérieur de nos Temples ſacrés, parcouru les Edifices où réſide la Majeſté Royale, où repoſe la politique des Nations; après avoir, pour ainſi dire, fouillé les dépôts où ſont conſignés les chefs-d'œuvres de l'eſprit humain, rendu hommage à la célébrité de nos Savans, de nos grands Hommes en tous les genres, les avoir même honoré de ſon auguſte préſence; ce Prince, dis-je, toujours avide d'inſtruction, jugea qu'il avoit encore d'autres récoltes à faire dans toute l'étendue du Royaume de France; il ſavoit ſur-tout que nos Frontieres Maritimes, nos Ports, nos Arcenaux, nos Villes de commerce l'intéreſſeroient bien plus encore peut-être que la Capitale. Il y vole & devient tout-à-coup le ſcrutateur & l'appréciateur des forces de la Monarchie Françoiſe. Ce fut en quittant nos parages, MM. que ce Prince rendit juſtice à notre Nation, en s'écriant: « J'ai donc vu l'Empire du Monde le plus floriſſant & le plus » intéreſſant à connoître aux Princes qui veulent s'inſtruire dans » l'art de régner »!

Aujourd'hui, MM. le noble enthouſiaſme des Princes du Nord pour les voyages dans les contrées du midi, ne ſe renouvelle-t-il pas de nos jours?

L'Héritier préſomptif de votre Empire, ſuivi de ſon auguſte Epouſe, après avoir parcouru l'Italie, ancien théâtre où brillerent les grands Hommes en tous genres, après en avoir pour ainſi dire creuſé les ruines pour en meſurer l'étendue, en prendre les dimenſions, & comparer ces chefs-d'œuvres avec les Fabriques imposantes qui ont ſuccédé aux beaux jours d'Athènes & de Rome antique ; ces Princes, dis je, s'étant vivement pénétrés de cette conſolante vérité, que l'homme qui veut s'inſtruire pour apprendre à regner, doit contempler dans le repos l'ouvrage de l'homme ſon ſemblable, deviennent eux-mêmes, & au même inſtant, des Obſervateurs tranquilles & réfléchis ſur tous les grands objets qui de leur nature ſont faits pour intéreſſer l'homme de génie : mais rien ne les étonne, parce qu'ils ſont eux-mêmes au niveau du grand & du ſublime.

L'antique & ſuperbe Panthéon, la Baſilique impoſante & moderne de S. Pierre de Rome, paroiſſent à leurs yeux les deux premiers chefs-d'œuvres d'Architecture que l'eſprit humain ait pu concevoir & réaliſer ; tous deux également capables d'apprécier tout ce qui s'offre à leurs regards, parcourent avec un égal intérêt ce fameux dépôt du Vatican où repoſent les faſtes littéraires des anciens Romains vainqueurs de la Grèce, & les chefs-d'œuvres du génie de ces deux Peuples qui éclairerent l'Univers : les Livres ſacrés de la Loi ancienne & moderne, manuſcrits reſpectables & précieux, ſont ouverts à leurs yeux ; ils les contemplent avec un ſaint reſpect. Le premier Pontife du Monde les accueille & adreſſe des vœux au Ciel pour que les deux plus anciennes Egliſes de la Terre, la Romaine & la Grecque, ſe réuniſſent & n'en faſſent déſormais plus qu'une ſeule pour le bonheur de l'humanité croyante au même Dieu.

Après avoir ſuivi quelques traces qui déſignent encore pluſieurs anciennes voies publiques, jadis aboutiſſant à cette antique Ville, & apperçu, çà & là, quelques moles, quelques éminences, veſtiges certains qui rappellent aux Obſervateurs curieux les tombeaux des illuſtres Romains qui avoient combattu pour la Patrie,

Patrie, ou mérité par d'autres moyens de leurs Concitoyens l'honneur de pareilles sépultures, nos illustres Voyageurs, après avoir gravi sur ces éminences formées de débris de Tombes, courent encore lire sur quelques-unes les noms des Césars, des Auguste, des Titus, des Cicéron, des Horaces, des Térences, des Ovides & des Virgiles : noms fameux dont quelques-uns éleverent l'ame des Souverains, d'autres échaufferent le cœur des Héros, & ces derniers inspirerent le génie de nos Auteurs modernes.

Ces Princes, après avoir ainsi médité quelques instans sur la fragilité des Empires, sur les passions humaines qui les ont tour-à-tour formés & détruits, & s'être bien confirmés de la grande vérité que le plus grand des Poëtes, Horace, a annoncé à tous les siécles à venir, que le tems ravage tout, *tempus edax rerum*, vont ensuite au Temple *des Arcades*, où siége cet Aréopage si connu de toute l'Europe, & singuliérement consacré à y disserter sur les productions du bon goût & du sentiment, plus analogues sans doute au génie de la Nation, que ne peuvent l'être les Sciences abstraites & trop profondes qui sont du ressort des Peuples éloignés du midi. C'est dans ce séjour qu'habitent les Muses aimables & riantes, où les Récipiendaires de tous les sexes sont caractérisés par des attributs analogues, consacrés aux travaux champêtres, & même désignés par les noms des anciens Pasteurs si connus dans les Eglogues de Virgile & les Chansons d'Anacréon.

Le Comte & la Comtesse du Nord embellissent, honorent cette premiere Académie de Rome : quelques Membres y expriment aussi-tôt les Eloges de ces Princes par des Odes, des Elégies, des Chansons même, productions charmantes, ingénieuses & variées, qui au même instant sont répétées & chantées dans mille concerts & annoncent à toute l'Italie qu'il existe dans leur Capitale deux

H

Divinités, venues des extrémités du Pôle; & bien capables, sans doute, d'embrâser leur verve & d'exciter leur Lyre (1).

Mais ces Princes ne pouvant s'arrêter dans leur course pour contempler à loisir des objets aussi précieux, aussi multipliés que ceux qui leur sont présentés, se bornent à en saisir l'ensemble & à en graver dans leurs esprits & dans leurs ames les principaux traits, pour en terminer par la suite cette premiere esquisse & la rendre un tableau fini. C'est donc avec peine qu'ils s'arrachent de ce premier Musée du Monde, & sortent de cette fameuse Gallerie de Raphaël que le laps des siécles a presque détruit, & qu'ils parcourent des yeux, & pour la derniere fois, ces restes mutilés & épars des Dieux imaginaires en marbre & en bronze, jadis fabriqués par les Pygmalion & les Phydias, épris de leurs propres ouvrages.

Ces Princes entrent enfin en France, arrivent à Lyon, ville florissante du tems même des Romains, & dont la population annonce aujourd'hui l'une des plus belles Capitales de l'Europe.

Bientôt ces illustres Voyageurs sont convaincus que cette Cité est le foyer des Arts méchaniques qui ont rapport à la fabrication des étoffes précieuses, puisqu'elle fournit au luxe des quatre Parties du Monde : ils en visitent aussi-tôt les atteliers, & voyent, non sans étonnement, un Peuple immense de fabriquants occupés à l'envi à faire jouer à leurs yeux les métiers compliqués de l'ingénieux *Vaucanson*. De leurs mains industrieuses sortent tout-à-coup & comme par enchantement d'heureux emblêmes tissus d'or, de soie & de perles : ces chefs-d'œuvres divers, aussi riches que galans, sont aussi-tôt offerts à ces Princes qui les accceptent, dans

(1) L'Auteur de cet Ouvrage a l'honneur d'être Membre de cette savante Académie.

l'intention flatteuse pour les Ouvriers qui les ont fabriqués, de s'en parer aux beaux jours où ils tiendront leur Cour.

Vous le savez, MM. les bons Princes deviennent toujours les Souverains des peuples même qui leur sont étrangers, mais qu'ils daignent visiter. O vous couple heureux & sensible, vos actions de bienfaisance suivent vos pas : sans cesse vos mains généreuses répandent sur les malheureux qui vous approchent des secours abondans. Vous regardez avec intérêt cette portion d'hommes, souffrante & abandonnée de ses semblables, comme vous appartenant, & vous la soulagez!

Tel est donc le sort cruel des Empires les mieux gouvernés, que malgré les vertus des Rois les plus sages & les plus humains, il existe toujours sur la terre une classe de Citoyens accablés par la misere, & qui pour jamais semble être destinée au malheur; mais peut-être un jour à venir, ce fléau terrible qui désole encore plus les campagnes que les villes, loin de se propager, disparoîtra insensiblement. Eh! fasse le Ciel que les Puissances de la terre, au lieu de porter le ravage & la mort dans leurs Etats respectifs, se concilient un jour pour ne former désormais sur le globe qu'une seule famille, unie d'intérêts; & que n'ayant qu'un même principe, celui de rendre l'homme heureux, elles n'ayent encore qu'un seul sentiment philosophique & sacré, disons plus, un seul Culte!

Enfin, MM. notre Capitale a reçu dans son sein les dignes Héritiers du Trône des Russies. Le Comte du Nord apporte avec lui des lumieres qui étonnent le Midi, & qui pourroient rendre problématique la nécessité de ses voyages, s'il n'étoit démontré que le meilleur de tous les livres est celui de l'expérience, & que la théorie n'en est guères que l'avant-propos. Son auguste Epouse a déja réuni les suffrages de notre Cour, de cette Cour depuis si long-tems célebre, où l'on juge en dernier ressort du goût, de l'esprit & des graces : Elle y brille de son propre éclat, & captive l'amitié, la tendresse d'une Reine qui en fait le premier ornement.

Notre jeune Monarque, dont la sage administration nous rappelle si bien l'économie respectable de Louis XII, mais qui sait aussi déployer à propos la magnificence de Louis XIV ; notre digne Monarque, dis-je, n'oublie point d'en faire usage dans une circonstance aussi flatteuse pour le Souverain que pour la Nation entière. Les Princes, les Princesses du Sang imitent l'exemple du Roi. Les fêtes vont succéder aux fêtes ; la somptuosité, la galanterie Françaife vont se reproduire sous autant de formes différentes qu'elles auront occasion de reparoître.

J'anticipe sur les événemens, MM. j'abrége même quelques détails ; mais laisserai-je croire qu'une Princesse qui a déja donné deux héritiers à l'Empire des Russies, ne se sera pas empressée de prendre part à l'allégresse universelle de l'Empire Français, en visitant le berceau où repose le Rejetton sacré & l'espérance de la tige royale des Lys ? Vous êtes mere, ô grande Princesse ! ce beau titre vous suffit seul pour vous rendre encore plus intéressante à notre auguste Souveraine. Si la fécondité des Princesses est le plus ferme soutien des Empires, elle est également la gloire des unes & des autres : les Russies & la France ne semblent-t'elles pas être aujourd'hui privilégiées du Ciel sous ce double rapport ?

Rendus au repos dans notre Capitale, les deux illustres Voyageurs combinent la marche qu'ils ont à y suivre pendant leur séjour, & se disposent enfin à parcourir par ordre, les Monumens publics qui peuvent davantage les intéresser.

Nos Temples sacrés (1), nos Edifices destinés à recevoir l'en-

(1) Les Princes du Nord furent successivement visiter nos Hôpitaux & nos principales Eglises : d'abord la Métropole, *Notre-Dame*. Après avoir admiré la construction

fance & la décrépitude, leur font d'abord ouverts ; mais en même-tems qu'ils obfervent les chefs-d'œuvres divers de nos meilleurs Artiftes que ces Monumens contiennent, ils verfent abondamment des fecours fur les Infortunés qui les entourent, & jettent des regards compâtiffans fur les lits de douleurs, où bientôt vont expirer ces victimes de la mifere.

Nous l'avons déjà obfervé, MM. c'eft ainfi que le *Comte de Falckenftein* en France commença fes courfes dans notre Capitale, & les auguftes Princes de Suéde & de Dannemarck.

---

de ce gothique, & fur-tout la partie du Chœur, dont le fond paffe pour l'un des plus beaux morceaux de ce genre, ils furent du plus grand étonnement de voir la décoration de ce même Chœur dans toutes fes parties, qui réuniffent la plus grande richeffe à la perfection du deffin, & où tous les Arts femblent avoir concouru pour former un tout parfait. Les Princes s'arrêterent particulierement à voir les divers chefs-d'œuvres de nos meilleurs Peintres d'hiftoire, qui font répandus dans toutes les parties de cet édifice facré.

La Sainte-Chapelle, élevée par la munificence de Saint Louis Roi de France, les étonna par fa conftruction hardie & légere. L'un des principaux Membres de ce Chapitre Royal qui eut l'honneur de recevoir les Princes du Nord à l'entrée de cet Édifice refpectable & Saint, eut auffi celui de leur porter la parole.

Quoique nous nous foyons refufés aux empreffemens d'une infinité de perfonnes, de rapporter dans notre Ouvrage diverfes productions très-ingénieufes, très-bien écrites, intéreffantes même & faites à l'occafion de ces Princes, foit en vers, foit en profe, nous avons cependant cru ne devoir pas omettre celle-ci.

Ce petit difcours, prononcé fur le champ & fans préparation, porte avec lui fon éloge.

Monfieur le Comte & Madame la Comteffe du Nord,

« Après avoir vu le plus chéri de nos Rois, vous venez aujourd'hui vifiter les cendres » du plus Saint. Cet antique Monument renferme les trophées facrés remportés par fes » pieufes mains, & fon efprit immortel applaudit en ce moment aux auguftes Princes qui » promettent au Nord d'accroître la fplendeur dont *Pierre* & *Catherine* l'ont fait briller.

» Quels vœux formerons-nous dans un jour auffi folemnel ? C'eft ici le Temple du » Dieu de Paix ; nous ne demanderons point pour vous la gloire cruelle des conquêtes ; » il en eft une plus belle pour des Princes qui, pour regner fur tous les cœurs, n'ont » befoin que de fe montrer ».

Vous vous rappellez ſans doute que lorſque le Czar *Pierre* fut rendre hommage à la cendre immortelle du plus grand Politique qu'ait eu la France dans la perſonne du Cardinal de Richelieu, ce Prince ſe précipita ſur l'image glacée de ce grand Miniſtre en s'écriant : *O grand Homme ! que n'es-tu encore vivant ! je te donnerois la moitié de mon Empire, pour apprendre de toi à gouverner l'autre !* A ſon exemple, ſon arriere-petits-fils vole au même Tombeau, y fixe long-tems les traits de ce grand Miniſtre exprimés ſur le marbre, & parcourt l'intérieur de ce magnifique Temple élevé par ce Prince de l'Egliſe Romaine (1), & deſtiné à l'uſage de la premiere Ecole du Chriſtianiſme.

Mais, MM. *le Comte du Nord* fait plus encore : en homme

---

(1) Entr'autres obſervations judicieuſes, ſolides & vraies que *Monſieur & Madame la Comteſſe du Nord* ont faites ſur ce monument, l'on a remarqué celles-ci, ſorties même de la bouche de *Madame la Comteſſe du Nord*. « Je ne puis trop admirer, dit-elle, » la beauté de ce Mauſolée, ſur-tout l'expreſſion encore animée du principal groupe » qui eſt celui du Cardinal, & prêt à mourir ; (les Artiſtes Sculpteurs & Peintres appellent ce morceau *le Marbre vivant*) ». Mais cette figure qui de ſa main cache » & dérobe ſa douleur, me ſemble ſi ſupérieurement deſſinée, les draperies ſi bien » jettées, les formes du corps ſi heureuſement exprimées & belles, que tout cet en- » ſemble de perfection me ravit. Puis fixant le beau Chriſt en marbre, grand comme » nature, qui eſt ſur l'Autel ; c'eſt un ſuperbe morceau, dit-elle, exprimant vivement » les angoiſſes de la douleur & du trépas ; mais je trouve que la draperie qui le ceint » eſt beaucoup trop baſſe. Cette réflexion eſt très-judicieuſe.

Enſuite parcourant l'intérieur du Dôme, elle finit par dire à M. le Comte du Nord, que ce Monument étoit un diminutif, ou plutôt une Mignature exacte & parfaite de Saint Pierre de Rome : en effet, cette Princeſſe ne s'eſt point trompée, & s'eſt très-bien rappellé que l'intérieur du Dôme de S. Pierre a dû ſervir de modele à celui de Sorbonne, étant du même ordre, & les mêmes proportions ou à peu près y étant obſervées. Aujourd'hui même ce dernier ſert de modèle & d'étude aux Architectes qui ont de ſemblables entrepriſes à réaliſer ; tellement que les Artiſtes qui conduiſent l'Edifice de Sainte Geneviéve y ſont venus en prendre les dimenſions & proportions des coupoles, des volutes, &c. pour en faire l'application au Dôme intérieur du centre de l'Egliſe de Sainte Geneviéve.

Philosophe & dépouillé de tous les caractères de la grandeur, il court honorer de sa présence l'un des Philosophes qui en ce jour illustrent le plus notre Nation : cette visite aussi imprévue qu'honorable, ne déconcerte point la modestie du savant *d'Alembert*, si connu de votre auguste Impératrice : mais l'éclat du Diadême philosophique ne semble-t-il pas également briller sur le front du Prince & de l'Académicien ? En effet, quelle gloire pour un Savant illustre, capable de former des Rois, de se voir au niveau des Souverains même !

Mais où ces Princes portent-ils leurs pas ? Les voici qui s'arrêtent au portique de notre Basilique moderne que la munificence de *Louis XV*, & la générosité des Citoyens de la Capitale, ont élevée à la mémoire de leur Sainte Patrone (Geneviéve.) Quoique l'intérieur de cet édifice sacré ne soit point encore terminé, cependant le fust majestueux & les belles proportions des Colonnes Corinthiennes qui en soutiennent le pérystile, leur annonce que ce Monument fini pourra être mis au nombre des premiers chefs-d'œuvres de ce genre.

Ils arrivent enfin au premier Attelier du Monde, Musée pour ainsi dire vivant, & où les teintes brillantes des Juliennes le disputent à la pourpre de Tyr, à l'or & à l'azur de l'Orient ; où le travail & l'art aveugle des Ouvriers, égale, sans qu'ils s'en doutent, les chefs-d'œuvres des Raphaël, des Poussin, des Lebrun, des Détroy ; Manufacture célebre qui les multiplie pour en décorer les Palais de nos Rois, ceux des Princes de l'Europe, ceux même des Puissances de l'Asie. C'est-là que les Princes du Nord voyent, par un art magique, passer tour-à-tour ces scènes historiques & intéressantes qui ont occupé le vaste théâtre du Monde depuis son origine : fixent avec encore plus d'intérêt l'Image sacrée d'une suite de nos Rois & leurs actions : parcourent les conquêtes d'Alexandre contre Porrus, par le Brun; l'école d'Athènes; la vision de la Croix à Constantin, & Héliodore. Ces derniers sujets les frappent plus particuliérement : mais de quel étonnement ne sont-ils pas saisis quand le Chef de cette Manufacture Royale leur annonce que le Palais des Souverains de la Russie sera bientôt décoré de ces chefs-d'œuvres ! A ces traits généreux & grands, ils reconnoissent la munificence Royale des Monarques François.

Monsieur & Madame la Comtesse du Nord varient chaque jour leurs occupations avec choix & avec goût; ils ne craignent point de s'engager dans le labyrinthe tortueux, mais, varié de la nature, formé de plus de dix mille plantes & d'arbrisseaux. Le Jardin Royal, ce phénomène unique dans son espèce, fixe & détermine leur curiosité : ils en parcourent déja tous les détours, & ne s'arrêtent que pour connoître l'odeur de certaines plantes, la forme des autres & les propriétés de toutes. Eh ! MM. que n'avons-nous en ce moment les pinceaux magiques de nos Plines François, les de Buffon, les Daubanton, pour rendre les tableaux riches & variés de la Nature que contient cet immense Magazin ! nous vous en peindrions sous mille traits les merveilles, & nous vous entretiendrions sur-tout avec complaisance des profondes connoissances *de Monsieur & de Madame la Comtesse du Nord* sur tous ces objets, en général si peu connus.

Mais, MM. voici déja ces Princes rendus au péristyle d'un Edifice plus intéressant encore pour l'homme de génie, élevé & enrichi par la libéralité d'une suite de nos Rois, des Princes & des Bienfaiteurs en tous genres, Musée nationnal qui contient les chefs-d'œuvres divers relatifs aux Sciences, aux Lettres & aux Beaux Arts (1).

(1) L'on doit observer ici, *que Leurs Altesses Impériales Monsieur le Comte & Madame la Comtesse du Nord* ont toujours été accompagnés dans leurs courses de M. le Prince

C'est

C'eſt le deſcendant des Savans Bignons auxquels ce dépôt précieux fut confié par nos Rois, & qui leur doit le bel ordre qui y régne aujourd'hui; c'eſt ce dernier, dis-je, en ſa qualité de Grand-Maître de la Bibliothèque du Roi, héritier d'un nom à jamais chéri dans ce Temple des Sciences & des Lettres, qui ouvre à ces Princes les Tréſors les plus rares de ce Monument public. Des Savans Bibliothécaires avoient déjà pris ſoin d'expoſer ſur les bureaux tout ce qu'on avoit jugé pouvoir être le plus agréable à *Leurs Alteſſes Impériales*, qui après avoir demandé quel étoit l'ordre dans lequel les Livres étoient diſtribués, s'arrêterent pour examiner une ſuite unique des premiers Ouvrages imprimés, afin de ſe convaincre, pour ainſi dire, par les faits, des commencemens, des progrès de cet Art qui a tant facilité & multiplié les productions de l'eſprit humain, en les reproduiſant ſous toutes les formes qui perpétuent & immortaliſent les Arts & les Sciences.

On leur montre enſuite un objet bien plus intéreſſant pour eux; c'eſt le premier Traité de commerce & la premiere Alliance entre la France & la Ruſſie, dans un exemplaire magnifique, ſuperbement enluminé, à l'uſage de nos anciens Rois: ces deux Traités donnerent lieu à *M. le Comte du Nord* de développer ſes connoiſſances profondes ſur notre hiſtoire & celle des Ruſſies.

Comme ce Prince & ſon auguſte Epouſe avoient une opinion différente de celle qu'on leur préſentoit ſur deux faits hiſtoriques, relatifs à la Princeſſe Anne femme de Henri I, & fille d'Iaroſloff

---

Bariatinski leur Ambaſſadeur, ſouvent de pluſieurs Seigneurs Ruſſes; & *Madame la Comteſſe du Nord*, de ſa Dame d'honneur & Dames de compagnie, du nombre deſquelles a ſouvent été Madame la Baronne d'Oberckerich, née Comteſſe de Walthener Alſacienne.

Grand-Duc des Ruſſies, ils parurent déſirer qu'on leur citât des autorités; ce que l'on fit. Témoignant enſuite le déſir de vérifier eux-mêmes les citations, on ordonna d'apporter les ouvrages; ce qui s'exécuta encore avec tant de célérité, que le Prince, la Princeſſe & les Spectateurs qui les environnoient en parurent d'un étonnement incroyable, & adreſſerent des Eloges mérités à MM. les Bibliothécaires ſur le bel ordre qui régne dans cette immenſe Bibliothéque.

Nous ne pouvons omettre ici un trait infiniment honorable à *M. le Comte du Nord*, & qui en quelque ſorte nous a ſemblé plus admirable que la variété & l'étendue même de ſes connoiſſances: c'eſt la candeur avec laquelle, après avoir vérifié les citations, il daigna dire aux Spectateurs en élevant la voix... *J'ai tort; M. le Bibliothécaire a raiſon* (1). Cependant ayant eu occaſion d'examiner depuis, cette queſtion; il eſt réſulté de cet examen que les autorités ſembloient dépoſer en faveur de l'opinion premiere de *M. le Comte du Nord*

Nous ne devons pas non plus oublier que toutes les fois que les Livres expoſés à deſſein fourniſſoient l'occaſion de rappeller des faits glorieux à la Ruſſie; *M. le Comte du Nord* trouvoit pareillement l'occaſion d'en citer de ſemblables, ou à-peu-près, des mêmes ſiécles, & également honorables aux Français. Bornons-nous maintenant à aſſurer que tout ce que la flatterie ſe plaît ordinairement à exagérer des perſonnes d'un rang ſuprême, la vérité doit aujourd'hui l'avouer en parlant de Leurs Alteſſes Impériales du Nord (2).

---

(1) C'eſt à M. l'Abbé Deſolnais, Bibliothécaire, à qui le Prince adreſſoit la parole; & nous nous empreſſons d'annoncer que c'eſt à ce Bibliothécaire érudit, à qui nous ſommes redevables de cet article important.

(2) Par une attention délicate de M. le Bibliothécaire, qui avoit ordonné qu'on mît à part ſur un Bureau une ſuite choiſie de Livres Ruſſes, curieux & rares; au moment où le Prince s'approcha de la table, M. le Bibliothécaire en prit un Volume, & le lui

Les Monumens publics décernés à la gloire de nos Rois, & formant une partie de la décoration de ce vaste Edifice, sont également expliqués par ces Interprètes habiles (1).

Les Globes terrestres d'un diamètre extraordinaire, du savant Pere Coronelli, Géographe Vénitien, sont apperçus & fixent les regards de *Leurs Altesses Impériales* (2): successivement d'au-

présentant tout fermé, il lui parla à-peu-près ainsi... *M. le Comte*, cet Ouvrage a été » composé pour servir à l'éducation d'un Prince, qui aujourd'hui fait l'espoir d'une » grande Nation, dont il doit un jour faire le bonheur: la Renommé nous avoit appris » à l'admirer, sa présence fait plus encore, elle nous le fait chérir »... *M. le Comte du Nord* un peu impatient de savoir quel est l'ouvrage & le Prince dont on lui parle, fait ouvrir le Livre, & reconnoît une production faite pour son Education par M. l'Archevêque *Platon* son Précepteur: le Prince rougit, & témoigna à M. le Bibliothécaire sa sensibilité dans les expressions les plus obligeantes; ensuite *Monsieur & Madme la Comtesse du Nord* parcoururent les Livres Russes avec une satisfaction & un plaisir qui brilloient sur leur visage, & crurent se retrouver en ce moment même, à la Bibliothéque Impériale de Péterfbourg.

(1) M. l'Abbé Desolnais, Bibliothécaire, donna à Leurs Altesses Impériales l'explication du beau Monument (le Parnasse Français de Titon du Tillet,) érigé à la gloire immortelle de Louis le Grand & de la France. Il indiqua les noms de tous les Savans qui y sont représentés au naturel, & forment une infinité de groupes posés sur le Rocher du Mont-Parnasse: ensuite, ces Princes examinerent les deux grands Tableaux représentant un Obélisque posé sur les rochers de l'immortalité, environné de groupes, désignant les vertus de Louis XVI, dit le Bienfaisant, & consacré à sa gloire, par l'Auteur de ces Discours.

(2) *Description des Globes qui furent placés, dans leur origine, au Château de Marly, & qui depuis peu d'années ont été déposés avec la plus grande magnificence dans une salle construite exprès à la Bibliothéque du Roi, par les soins de M. Bignon, Grand-Maître de la Bibliothéque.*

Au commencement de l'année 1704, Louis le Grand fit poser dans les deux derniers pavillons du jardin de son Château de Marly, les globes que son Eminence M. le Cardinal d'Estrée avoit fait construire avec un très-grand soin par le Pere Coronelli, Vénitien. Ces Globes ont chacun douze pieds de diamètre, & par conséquent trente-sept pieds huit pouces & demi de circonférence. Sa Majesté en a fait faire les Méridiens & les horizons de bronze, lesquels sont soutenus chacun par huit colonnes de tres Savans dans la science profonde des Antiques, déployent à leurs yeux tout ce que l'Antiquité à produit de plus remarquable à la gloire des Empereurs de la Grèce, de Rome & à -elle des

---

même matiere, & les Méridiens sont portés sur deux pieds de bronze, qui sont enrichis de tous les ornemens qui y ont du rapport.

Entre les quatres Consoles qui forment les pieds des Méridiens, on a mis sous chaque Globe une grande Boussole enrichie de marbre & de bronze. Ces Boussoles marquent la déclinaison de l'aiguille aimantée, qui étoit au commencement de l'année 1704 de neuf dégrés six minutes du Septentrion vers le couchant.

Tous ces Ouvrages ont été exécutés par les plus habiles Ouvriers de ce tems, sous les ordres de Mansart, Sur-Intendant des Bâtimens de Sa Majesté.

On a placé sur le Globe céleste toutes les Etoiles fixes qui sont ostensibles à la vue simple, & les Constellations qui les comprennent, suivant les anciens Astronomes & les Modernes, avec la route que quelques Comètes ont tenue. On y voit aussi le lieu de toutes les Planettes au tems de la naissance de *Louis le Grand*.

Toute la peinture de ce Globe est bleue, & les Etoiles & les principaux cercles y sont de bronze doré & en relief, pour leur donner plus d'état.

Son Eminence a fait graver dans un cartouche sur une lame de cuivre doré, la dédicace de ce Globe qu'il fait au Roi en ces termes :

A l'Auguste Majesté de Louis le Grand, l'Invincible, l'Heureux, le Sage, le Conquérant,

CÆSAR, *Cardinal d'Estrées*,

A consacré ce Globe céleste où toutes les Etoiles du Firmament & les Planettes sont placées au lieu même où elles étoient à la naissance de ce Glorieux Monarque, afin de conserver à l'éternité une image fixe de cette heureuse disposition, sous laquelle la France a reçu le plus grand présent que le Ciel ait jamais fait à la terre.

M. DC. LXXXIII.

Disons ici que la Bibliothéque Impériale de Péterſbourg a aussi deux Globes très célèbres.

Celui que l'on fit venir en 1752 de Moscov, a sept pieds de diamètre, & il est de cuivre.

Le second est celui qu'on appelle de *Gottorp*; il a onze pieds de diamètre : la partie convexe représente la terre : la partie concave ou la périphérie intérieure, représente le firmament azuré avec les Etoiles en cloux dorés. En tournant le Globe par le moyen de la vis d'architecture appliquée sous la table, on voit le lever des Etoiles, leur passage au Méridien & leur coucher.

grands Hommes de toutes les Nations du Monde ; c'eſt-là qu'elles apperçoivent les boucliers de Scipion, d'Annibal ; le tombeau de Childéric I Roi de France ; un grand nombre de Figures, de Buſtes, de Vaſes précieux, d'Inſtrumens des Sacrifices, des Marbres chargés d'Inſcriptions ; enfin d'une quantité prodigieuſe de Médailles de toutes les grandeurs, de toutes les formes & de tous les métaux, frappées dans la Grèce, à Rome & dans toutes les parties de l'Univers. Quel ſpectacle plus intéreſſant pour des Princes, que celui de voir un Peuple immenſe de Souverains & de grands Hommes réunis dans un petit eſpace, & d'y diſtinguer *les Alexandre, les Cæſars, les Auguſte, les Charlemagne, les Pierre I, les Louis, les Joſeph, les Frédérics, &c !*

De ce Muſée, fait, ſans doute, pour donner de l'énergie à l'ame des Princes qui le viſitent, *les Comte & Comteſſe du Nord* vont quelques inſtans diſtraire leur imagination & contempler de nouveaux objets plus variés encore. Toujours conduits dans les divers cabinets de ce riche Monument, par celui qui en eſt le Grand-Maître, (M. Bignon, Conſeiller d'Etat,) ils entrent au cabinet des Eſtampes, des Mignatures, & qui contient également un très-grand nombre de planches précieuſes en cuivre : Collection la plus riche dans cette partie, qui exiſte en Europe, & la mieux en ordre, due aux ſoins & aux travaux les plus conſtans du Garde actuel de ce Tréſor. Suivons la marche que nos Illuſtres Etrangers vont ſuivre dans cette partie ſi intéreſſante pour les Arts, & même pour les Sciences (1).

(1) Nous devons cet article intéreſſant à Meſſieurs Joly, pere & fils, Gardes de ce précieux Cabinet : il ne contribue pas peu à embellir & enrichir notre ouvrage : de tels ſecours puiſés dans les ſources mêmes, aſſurent toujours le ſuccès de ſemblables entrepriſes Littéraires

Le premier objet sur lequel *Leurs Altesses Imperiales* fixerent la vue, fut le magnifique Dessin à l'encre de la Chine, de la Mer Caspienne, mesurée par les ordres du *Czar Pierre-le-Grand*, leur Bisayeul. (Ce précieux don décore la principale entrée de ce riche Dépôt.) La frise qui se voit au bas de cette curieuse Carte, & qui avoit fixé, un lustre auparavant, l'attention de *M. le Comte de Falkenstin*, frappa aussi les regards du Prince & de la Princesse ; ils y virent les Aînés de la Maison de Baviere, jusqu'à l'an 1400. Ce morceau précieux par la fidélité des costumes, & par cette bisare chaussure dite *à la Poulain*, défendue par Arrêt du Parlement, fut donné au Cabinet des Estampes du Roi en 1756, par M. l'Abbé de Fontenu, de l'Académie des Inscriptions & Belles-Lettres.

Les Comte & Comtesse du Nord, rendus dans le grand Cabinet, commencerent par examiner le premier volume des Plantes peintes en mignature, d'après celles qui se voyent au Jardin Royal de Botanique : la beauté, la justesse, & leur superbe exécution frapperent tout à la fois ces Illustres Obsérvateurs : étonnés de voir la Nature si bien rendue, ils ne purent s'empêcher de donner des éloges mérités aux Peintres qui furent choisis par *Gaston d'Orléans*, *Louis XIV*, *Louis XV* & *Louis XVI*, & principalement à Nicolas Robert, premier Peintre, qui commença cette superbe Collection, laquelle monte aujourd'hui au nombre de 60 Volumes *in-fol.* y compris les Oiseaux, les Quadrupedes, les Insectes, les Poissons, & les Coquilles. Joubert, Aubrict, & Magdeleine Basseporte, eurent l'honneur d'être choisis pour travailler successivement à cette branche si instructive & si intéressante de la connoissance parfaite de la Nature. La Princesse demanda au Garde des Estampes, si les Plantes peintes en mignature, qu'elle voyoit avec tant de plaisir, étoient dans cette même fraîcheur, & ce bel éclat, que le Peintre savant avoit si bien rendu? Le Garde prit la liberté de lui répondre, que le Peintre avoit rendu les trois âges de la Plante, sa naissance, sa floraison & sa maturité; & qu'au Jardin Royal que Son Altesse Impériale sortoit de voir, les Plantes ne pouvoient être considérées que dans l'un de ces trois tems. L'esprit & la profonde érudition de cette Princesse, lui firent bientôt concevoir l'heureux enthousiasme de l'Artiste.

L'origine de la Gravure en taille-douce, attribuée à Mazo Finiguerra, Orfévre Florentin, en 42 morceaux, sçavoir, dix Vignettes qui ont servi à décorer la premiere Edition du Poëme de l'Enfer *du Dante*, faite depuis à Florence, par *Nicolo di Lorenzi della Magna en* 1481. 21 Prophètes, avec huit Vers au bas; vingt-deux Sibylles, avec huit Vers au bas. Une petite Pièce ceintrée, représentant la Conversion de Saint Paul. Ce morceau aussi rare que précieux, captiva l'attention de M. le Comte du Nord, qui le considéra attentivement, & crut reconnoître pour ainsi dire, *le faire* de l'unique Callot, pour son minucieux & érudit détail. Ce fut non sans émotion qu'ils virent les progrès étonnans que la Gravure fit peu après, sur-tout en parcourant l'œuvre du célébre Marc-Antoine, Graveur chéri de l'immortel Raphaël, dont ils parcoururent aussi la superbe Gallerie peinte au Vatican: ils savoient que c'est aux soins du Pape Ganganelli, qu'on est redevable d'avoir arraché des mains destructives du Tems, cet Ouvrage de près de trois siécles, & à jamais célébre, qu'il étoit près d'anéantir.

Les Galleries de Raphaël précieusement enluminées, Présent du Pape Ganganelli à Louis XV, sont déployées à Leurs Altesses Impériales, qui semblent s'y trouver transportées de nouveau.

Un Porte-feuille, contenant des Dessins de la main même de

nos Rois & Fils de Rois, Freres de Rois : la Princesse y prit le plus vif intérêt, & vit avec plaisir les Arts chéris, carressés & même cultivés par leurs Mecènes ainsi que par la Noblesse, poursuivie pour ainsi dire par le Talent : mais ce Porte-feuille, tout précieux qu'il est, acquerroit sans doute un mérite de plus, si un jour il pouvoit réunir quelques fruits des délassemens *des Comte & Comtesse du Nord*.

La Sainte-Face, morceau étonnant, & gravé d'un seul trait en spiral, par *Claude Mellau* : la singularité de ce procédé parut surprendre les Princes Etrangers.

Le Voyage Pittoresque de la France, Ouvrage immense, & si bien conduit, par M. de la Borde, a mérité à cet Amateur des Arts les Eloges les plus flatteurs de la part du Prince & de la Princesse ; Eloges d'autant plus précieux, qu'ils partoient de Souverains éclairés, & qui ont témoigné les plus vifs regrets de ne point encore posséder en entier ce travail naissant, mais qui dénote à tous égards l'Homme instruit & le bon Citoyen.

Plusieurs Porte-feuilles, dont l'un contient tous les Portraits des Rois, Reines de France, Princes du Sang Royal ; un autre les Czars, les Empereurs & Impératrices des Russies ; tous avec leurs Costumes du tems : enfin, un troisiéme Porte-feuille, contenant les Souverains de la Maison de Wurtemberg. Ce ne fut pas sans attendrissement, mêlé de la plus respectable modestie, que la Princesse arrêta ses regards sur les Portraits de ses illustres Ayeux ; disons encore qu'elle lut entierement & avec la plus grande attention, une Lettre écrite au Garde de ce précieux Dépôt, de la main du Duc de Wurtemberg regnant, son Oncle (1) :

Paris, 20 Février 1776.

» (1) En vous envoyant, Monsieur, la Table Chronologique de mes Ancêtres, je

son

ſon étonnement & celui du Prince ne fut pas moindre en apprenant que les Porte-feuilles qu'ils avoient ſous les yeux faiſoient partie de pluſieurs autres où étoient renfermés en total près de quarante mille Portraits. Quelle richeſſe en ce genre!

Quant aux Coſtumes de nos Rois, Princes & Seigneurs depuis *Clovis* juſqu'à *Louis XIV*, *Leurs Alteſſes Impériales* louerent beaucoup le zèle du célébre Antiquaire (M. de Gaignieres) d'avoir fait deſſiner à grands frais des Monumens qui intéreſſent les Savans, & deviennent utiles aux Artiſtes. (1).

M. Le Comte du Nord, Prince auſſi inſtruit qu'affable, eut la bonté de donner au Garde du Cabinet, & publiquement, des Notes inſtructives ſur un Tableau que ce même Garde eut l'honneur de lui préſenter.

Cette ſéance fut terminée de la part de ces Princes Etrangers, par l'examen qu'ils firent de deux Morceaux les plus intéreſſans, ſans doute, au moment préſent, l'un pour la France & l'autre pour les Ruſſies. Le premier étoit la ſuperbe Eſtampe du Sacre de Louis XVI. à Reims : le ſecond, le grand Deſſin colorié ſous glace du Monument à la gloire *de Sa Majeſté Impériale des Ruſſies*, *Catherine II.* Mere *du Comte du Nord*, dont nous ſommes l'Auteur. Ces Princes admirerent dans la premiere, la fidélité des rangs que tenoient les Grands Officiers de la Couronne à cette

» m'acquitte de ma promeſſe : c'eſt avec plaiſir que je me ſouviendrai toujours de la » belle & ſuperbe Collection qui vous eſt confiée. Vous puiſez dans l'ancien pour l'utilité des Modernes, & le moderne admire l'ancien, comme la baſe des connoiſſances » préſentes.

» Je ſuis fâché que mon ſéjour trop abrégé m'empêche de me rendre une ſeconde fois » à vos offres, & vous aſſure, Monſieur, d'être avec beaucoup de conſidération, votre » très-affectionné. *Signé*, LE DUC DE WURTEMBERG.

(1) Ces précieux Originaux ont ſervi aux Monumens de la Monarchie Françaiſe, publiés par le P. Montfaucon.

auguste & sainte Cérémonie, ainsi que la netteté & la délicatesse du burin de l'Artiste Graveur (M. Moreau, de l'Académie de Peinture, également Dessinateur excellent.) Le second Morceau dut faire à ces Princes une sensation bien différente, puisqu'il intéressoit plus particulierement leurs ames & leur Empire, ainsi que nous l'avons déjà observé plus haut (1).

Nous avons déjà annoncé, MM. que vos Princes, frappés des merveilles sans nombre qu'ils ont vues dans divers Monumens publics de notre Capitale, n'ont pas été moins étonnés d'apprendre en en sortant, que les Chefs-d'Œuvres en tout genre qui les avoient le plus étonnés, leur étoient destinés, (c'est-à-dire, les objets qui peuvent se multiplier par les mains habiles des Artistes, même des Ouvriers).

---

(1) CABINET D'ESTAMPES DU ROI DE FRANCE.

ON comprend par ce titre les Volumes ci-après, que LOUIS XIV a fait publier à ses frais, & dont S. M. fait présent aux Cours Etrangeres.

L'OBJET de ce Cabinet étoit de représenter en Gravûre tous les Edifices Royaux, tant extérieurs qu'intérieurs; toutes les richesses en Statues antiques & modernes éparses dans les Palais du Roi & ses Jardins; ses Médailles, ses Tableaux des grands Maîtres de toutes les Ecoles, depuis la renaissance des Arts; ceux des Conquêtes pendant le Regne de ce Prince, tant par son Ingénieur, le Chevalier de Beaulieu, que par le célébre Wandermeulen, qui, par son divin pinceau, a suppléé à ce que devoient nous décrire & Racine & Boileau; les Fêtes que ce grand Roi donna à sa Nation dans son Parc de Versailles, au retour de ses Conquêtes. Ce Recueil enfin devoit offrir toutes les merveilles que ce Prince a opérées & acquises sous son Regne. Les vingt-quatre Volumes, qu'il forme aujourd'hui, sont un prodige d'exécution : quand on se rappelle qu'il n'y avoit point alors de Graveurs en France; & que le grand Colbert, inspiré par son Roi, en créa tout-à-coup, savoir, les Edelink, les Gerard Audran & les Leclerc, qui produisirent chacun dans leur genre, les Chefs-d'Œuvres dont est composé ce Recueil.

Le Roi de France possédant plus de 1200 Planches en cuivre dans son Cabinet d'Estampes, a tout aussi-tôt donné ordre dans cette circonstance à son Ministre en cette partie, *M. Amelot*;

CATALOGUE D'ESTAMPES,

DONT les Planches en cuivre sont à la Bibliothèque du ROI.

PREMIER VOLUME.

TABLEAUX DU ROI,

SUJETS.				PLANCHES.
40.		REPRÉSENTANT sept Sujets de l'Ancien Testament, vingt-deux du Nouveau, cinq de la Fable, un de l'Histoire Profane, & trois Allégoriques; en tout 41 Planches, ci	41.	
		II. VOL. *Idem.*		
15.		Représentant cinq Sujets de l'Histoire d'Alexandre le Grand, 15 Planches, ci	15.	
		III. VOL.		
1474.	403.	Médaillons Antiques du Cabinet du ROI, composés de 41 Planches, ci	41	89.
	923.	Médailles du Bas-Empire, du P. Banduri,	37	
	148.	Monnoies de France depuis Charles VII. jusqu'à Louis XIV. ci	11	
		IV. VOL.		
40.		Plans, Elévations & Vues des Châteaux du Louvre & des Thuileries, formant en tout 44 Planches, ci	44.	
		V. VOL.		
29.		Plans, Elévations & Vues du Château de Versailles en 27 Planches, ci	27	31.
		Tableaux de la Voûte de la Galerie du petit Appartement du Roi, trois Planches, ci	3	
		La Franche-Comté, une Planche, ci	1	
1598.				220.

& à *M. Bignon*, Grand-Maître de sa Bibliothéque, de relier en maroquin une suite de Volumes contenant un grand nombre d'Estampes les plus belles dont *Sa Majesté* puisse disposer, & dont

De l'autre part. SUJETS.		*De l'autre part.* PLANCHES.
1598.	VI. VOL.	220.
89.	Grotte, Labyrinthe, Fontaines & Bassins de Versailles. Grotte, 20 Planch. Labyrinthe, 41 Pl. Fontaines, 21 Pl. Bassins, 7 Pl. En tout 89 Pl. ci	89.
	VII. VOL.	
48.	Statues du Roi, antiques & modernes, sur 48 Planches, ci	48.
	VIII. VOL.	
60.	Thermes, Bustes, Sphinx & Vases du Roi, 51 Pl. ci	51.
	IX. VOL.	
48.	Tapisseries du Roi, 48 Pl. ci	48.
	X. VOL.	
97.	Carrousel, Courses de Têtes & de Bagues, 97 Pl. ci	97.
	XI. VOL.	
	Fêtes de Versailles données en 1664, en 14 Pl. ci	14 } 20.
20.	Divertissemens donnés par le ROI, en 1674, au retour de sa Conquête de la Franche-Comté, 6 Pl. ci	6 }
	XII. VOL.	
22.	Vues, Coupes & Profils de l'Hôtel Royal des Invalides, 23 Pl. ci	23.
	XIII. VOL.	
26.	Plans, Profils, Elévations de différentes Maisons Royales, 29 Pl. ci	29.
2008.		625.

Elle fait présent *à Leurs Altesses Impériales des Russies*. C'est ainsi que les Trésors des Rois, fruits des veilles des Hommes de génie, se multiplient, deviennent plus riches & plus intéressans aux

De l'autre part. SUJETS.		*De l'autre part.* PLANCHES.
2008.	XIV. VOL.	625.
15.	Profils & Vues de quelques lieux de remarque avec divers Plans détachés de Villes, Citadelles & Châteaux, 32 Pl. ci	32.
	XV. VOL.	
40.	Plans & Profils appellés communément les petites Conquêtes en 40 Pl. ci	40.
	XVI. VOL.	
18.	Vues, Marches, Entrées, Passages & autres Sujets, d'après Wandermeulen, 28 Pl. ci	28.
	XVII. VOL.	
23.	Vues, Entrées & autres Sujets servant à l'Histoire de Louis XIV. d'après Wandermeulen, 29 Pl. ci	29.
	XVIII. VOL.	
98.	Paysages, Morceaux d'Etudes, &c. d'après Wandermeulen, 98 Pl. ci	98.
	XIX. VOL.	
36.	Plans, Profils & Vues de Camps, Places, Siéges & Batailles, servant à l'Histoire de Louis le Grand, d'après *Idem*, 41 Pl. ci *Année* 1645.	41.
	XX. VOL.	
28.	Plans, Profils & Vues de Camps, Places, Siéges, Batailles, *Id.* 30 Pl. ci	30.
2266.	1645.	923.

Citoyens qui ont la liberté d'en jouir, en ce qu'ils sont censés appartenir même à la Nation.

Ce Musée ouvert au Public qui veut aller puiser & s'enrichir dans ce Magasin universel, contient encore divers Atteliers où le Peintre habile & le Statuaire exécutent des chefs-d'œuvres. *Leurs Altesses Impériales* qui en ce moment semblent s'honorer de n'avoir pour toute garde qui les environne, que les Sciences, les Arts & les Talens, s'y transportent, & reconnoissent au même instant, mais non sans surprise, le Buste en marbre de leur Auguste Mere. Des Eloges flatteurs & mérités, sortis aussitôt de la bouche des Graces même, deviennent au même instant pour l'Artiste présent, une récompense honorable & due à ses talens. (M. Oudon, de l'Académie Royale de Sculpture).

Mais ce qui ajoute encore, s'il est possible, à l'Eloge de ces deux Augustes Epoux, est sans doute, qu'ayant appris, que dans cette Capitale un Artiste de grande réputation s'y est mérité le beau titre

De l'autre part. SUJETS.		*De l'autre part.* PLANCHES.
2266.	XXI. VOL.	923.
31.	Plans, Profils & Vues de Camps, Places, Siéges & Batailles, *Id.* 33 Pl. ci 1646, 7, 8.	33.
	XXII. VOL.	
28.	*Idem*, 29 Pl. ci 1650, 59.	29.
	XXIII. VOL.	
27.	*Idem*, 31 Pl. ci *Années* 1662. à 1697.	31.
T. 2352 Sujets.		TOTAL, 1016 Pl.

de Peintre des mœurs Françoises, (M. Greuse, de l'Académie de Peinture,) ils vont aussitôt visiter son Attelier, l'y trouvent occupé à terminer quelques sujets ingénieux & intéressans, destinés même à M. *le Comte d'Artois*, Frere du Roi. Ces Princes, après avoir admiré quelques-uns des chefs-d'œuvres de cet Artiste dont les sujets ont toujours trait à exprimer des points de Morale qu'il a su puiser dans son ame, & rendre sur la toile avec cette vérité qui toujours porte avec elle l'expression vive du sentiment & de la belle nature ; ces Princes, dis-je, sollicitent à l'envi l'Artiste, de leur procurer quelques productions de ce genre, dont, sur-tout, ils le laissent maître du choix des sujets.

Tel est l'hommage flatteur que l'Homme de goût rend au vrai talent d'un Artiste célébre, en n'imposant jamais d'entraves à son génie ; & quelle gloire pour lui de voir réunis, au même jour, dans son Attelier, le Prince connoisseur, & la Mere des Graces & des Talens, son épouse, converser, pour ainsi dire, avec les chefs-d'œuvres qu'il a produits, & par conséquent avec lui-même.

Après avoir parcouru ce vaste Mausolée, (la Bibliothéque Royale) où reposent depuis vingt siécles les Connoissances Morales de l'esprit humain qui n'est plus ; après avoir, en quelque sorte, interrogé & rendu hommage aux Mânes Sacrées de ce Peuple immense d'hommes de génie, qui depuis la création du Globe s'est régénéré jusqu'à nous ; ces Princes s'en arrachent à regret, pour se transporter le lendemain au Palais de nos Rois, (le Louvre :) déja ils en parcourent les immenses galleries habitées par une Nation entiere de Sçavans & d'Artistes en tout genre ; c'est dans les murs de ce Palais, autrefois la premiere habitation de nos Rois, que sont fixés ces Aréopages de Savans & de beaux esprits dont les chefs-d'œuvres divers & les découvertes favorables au bien de l'humanité, étonnent sans cesse l'Europe.

Richelieu posa les premiers fondemens de cet Edifice Littéraire, devenu le modèle de ces Tribunaux respectables & du même genre, qui par la suite se sont élevés dans toutes les Capitales du Monde, & où tout ce qui est du ressort du génie, de l'esprit & du goût, est discuté, éclairci & jugé. C'est ainsi, qu'après avoir honoré de son auguste présence ces mêmes Tribunaux Littéraires, *le Czar Pierre le Grand* en éleva dans ses Capitales de Moscou & de Saint Pétersbourg, qui furent seulement consacrés aux Sciences : il se promit alors de multiplier ces Corps Académiques par la suite, & de même genre que ceux qui existent de nos jours dans la Capitale de la France ; mais n'ayant pu tout créer dans sa Nation, il a laissé à ses descendans le soin de porter à sa perfection ces Etablissemens Littéraires ; & c'est ce que se propose de réaliser incessamment *M. le Comte du Nord.*

La Langue Françoise, devenue maintenant la Langue de l'Europe, l'est également de la Politique & de la Philosophie. L'ancien idiôme National rude & barbare que parloient nos Peres, a disparu, & à la grossière naïveté de leur jargon l'on a vu insensiblement succéder l'harmonie, la douceur, l'élégance, le nombre, la pureté & l'énergie du Langage des Grecs & des Romains.

C'est de ces foyers divers, MM. que *Leurs Altesses Impériales* voyent s'élancer d'autres traits de lumiere qui portent dans les Sciences abstraites le jour le plus vif; c'est à ce jour pur & brillant que les Disciples des Gassendi, des Rohault & des Descartes, se sont éclairés sur tous les objets qui sont du ressort du Génie & de la Géométrie trascendante. Ce sont les Pascal, les Roémer, les Lacaille, les la Condamine qui illustrerent les Re-

gnes

gnes derniers de la France; & en d'autres genres, les Lemery, les Rouelle : ce sont encore les Belidor, les Leroy, les Vaucanson qui ont porté dans la Méchanique toute la Profondeur du calcul & du raisonnement, comme l'a fait le grand Rameau dans la Musique.

D'autres Sçavans, chargés d'éterniser les Exploits valeureux & Patriotiques des Grands Princes, & des Hommes Illustres en tous genres, par des Monumens durables, en composent avec les métaux les plus précieux l'immortelle Histoire, & l'ornent d'inscriptions dont l'énoncé précis peint, en deux mots, les plus grands traits de leur vie, portent dans celle des tems les plus reculés le flambeau de la saine critique, & débrouillent l'obscurité des siécles passés, & le cahos de la savante Antiquité dans ses restes précieux. Faisons-nous gloire d'emprunter les expressions même de l'un de ces Savans, (M. Dupuis, Secrétaire perpétuel de l'Académie des Belles-Lettres,) portant la parole en présence *de M. & de Madame la Comtesse du Nord*, le 7 Juin, jour même que ces Princes honorerent de leur présence cette Séance Académique.

» Au commencement de ce siécle, dit-il, *Louis XIV* étendit » la sphère des études de son Académie des Belles-Lettres en » augmentant le nombre de ses Membres ; & comme il avoit » aussi fondé, peu d'années après, l'Académie des Sciences, il » voulut que ces deux Compagnies, étroitement unies, concou» russent au progrès des connoissances humaines en tous gen» res. Il leur assura pour domaine commun l'Univers entier, & » les traita comme deux branches d'une même famille; mais » en imposant à l'une & à l'autre l'obligation de se communi» quer mutuellement les productions de leur héritage, & les » fruits de leur culture.

» Le Monde ancien fut le partage de celle ci, & dès-lors tous » les genres d'Etude qu'exige, par son immense étendue, la con- » noissance de l'Antiquité, entrerent dans la liste de nos devoirs. » Il falloit, pour remplir les vues de notre Auguste Fondateur, » remonter aux tems les plus reculés, suivre l'esprit humain chez » une multitude de Peuples divers, démêler au travers d'épaisses » ténèbres ses idées, ses loix, ses moeurs, ses usages, ses Arts, » ses Sciences, ses erreurs même : en un mot, recueillir dans » tous les âges, rassembler & réunir en un seul corps les lumie- » res des Anciens à celles des Modernes ».

Enfin, tous les Sçavans concourent par leurs talens divers à former ce corps de lumière dont l'éclat rejaillira sur tous les siécles à venir ; mais qui, loin d'éblouir les Illustres Etrangers, témoins de tant de prodiges, ne sert qu'à les leur montrer dans le plus beau jour & sous les rapports les plus intéressans. C'est ainsi qu'ils ont contemplé le plus Grand Roi de la France dominant sur le sommet du Parnasse, entouré des plus beaux Génies qui illustrerent son siécle : c'est ainsi encore qu'ils fixerent avec intérêt les caracteres sacrés de bienfaisance de notre jeune Monarque envers ses Peuples, gravés sur l'Obélisque de l'immortalité.

Mais le génie de l'homme, quelqu'accoutumé qu'il soit à méditer sur des objets profonds, ne peut long-tems s'y fixer : il doit faire diversion à ses occupations, les varier & chercher ainsi des délassemens & des jouissances, même en partageant celles que leurs semblables s'empressent de leur procurer.

Leurs Altesses Impériales retournent donc à notre Cour pour y trouver des délassemens & des plaisirs nouveaux qui les y attendent. Dans leur marche, ils vont visiter un vaste Edifice de construction moderne, sur la route qui conduit au Palais de nos Rois ;

(la Manufacture de Porcelaine de Sèves ;) bien-tôt ces Princes jugent que la Saxe & la France ne sont plus, dans cette partie de commerce pour la Porcelaine, tributaires du Japon & de la Chine ; c'est donc là que particulierement *Madame la Comtesse du Nord* semble ravie en parcourant une suite innombrable de chefs-d'œuvres de goût, dont la délicatesse & le transparent annoncent la fragilité : mille Grouppes variés & représentant pour la plupart des sujets champêtres, sont disposés pour décorer nos tables & l'intérieur de nos appartemens : d'autres, sous des formes plus fragiles encore, paroissent destinés pour l'usage des repas : mais voici le premier chef-d'œuvre de ce genre qui semble avoir été travaillé par la main même des Graces ; oui, ce sont elles, sans doute, qui en ont pétri & contourné l'argile destiné à former le grand nombre de vases de toutes les formes, de toutes les couleurs, & couverts des attributs & des emblêmes heureux de la Princesse qui les admire : présens dignes de l'Auguste main qui les offre, & de celle qui les reçoit.

Mais déja sont préparés dans le Palais de nos Rois des Spectacles pompeux puisés dans l'Histoire Grecque & Romaine : & quels sujets plus dignes de pareils Spectateurs, que ceux qui tour à tour paroissent sur la Scène Lyrique & Dramatique, & vont occuper le plus beau Théâtre de l'Univers !

Ici l'Héroïsme de la tendresse conjugale y paroît dans tout son triomphe, & les ressources ingénieuses de la mélodie & de l'harmonie mises en action par le plus beau Génie qu'ait produit l'Allemagne, & qui est venu enrichir notre Scène Lyrique, (Glouk) augmenter la somme de nos connoissances en ce genre, & de nos jouissances même, rendent encore plus intéressantes & touchantes les expressions de l'ame de ces deux Epoux de la Grèce, *Achile* & *Iphigénie* ; nos Augustes Princes, ceux des Ruffies réunis avec eux, & témoins de ce fpectacle attendriffant, ne s'y font-ils pas reconnus eux-mêmes ?

Je paffe, MM. à la defcription d'une Fête qui tient du merveilleux de l'ancienne Mythologie. Ainfi je me permettrai d'en emprunter les Images pour vous la retracer.

FÊTE

DONNÉE AU PETIT TRIANON

PAR LA REINE

A Leurs Alteffes Impériales des Ruffies, M. le Comte & Madame la Comteffe du Nord.

MAIS par quel enchantement le divin Apollon ranime-t-il fa Lyre ? Quels fons mélodieux & harmonieux femblent annoncer à la Terre la Déeffe des Cieux ? C'eft elle-même qui paroît dans tout fon éclat. Tout l'Olympe obéit à la voix de fa Souveraine. Par fes ordres une Fête digne d'elle eft auffitôt préparée qu'annoncée : les Graces forment fon cortége. La jeune Hébé (*Madame Elifabeth de France*) la foutient légèrement, & lui fert de compagne fidele : majeftueufement parée de fon propre éclat, elle s'avance au Portique de fon Temple pour y recevoir une Divinité Etrangere qui lui eft égale en beauté, & femble fe retrouver dans fon Empire, après avoir traverfé l'efpace immenfe des airs : la brillante Iris, Meffagere des Dieux, parcourant d'un vol rapide les Régions Céleftes, annonce aux Peuples du Midi l'arrivée de cette Déeffe, habitante & Souveraine des Régions Glacées : au premier fignal, les tendres Amours, par ordre de leur Mere, ont volé sur ses pas, la précédent, & jettant sur son passage les fleurs les plus odoriférentes, parfument l'air qu'elle respire. Cérès, Vertumne & Pomone lui présentent dans des corbeilles les fruits de leurs travaux champêtres, qui deviennent pour cette Divinité les tributs les plus agréables, & que ses Contrées ne produisirent jamais : les Muses chantent en son honneur des Hymnes harmonieuses : Apollon conduit leurs célestes Concerts : les Zéphirs légers traînent son char, dont la Déesse du Printems guide les rênes, qu'elle a pris soin de tresser de ses dons brillans : les Aigles, Rois des airs & Symboles heureux de ses Etats, planant au-dessous des nuages transparens, couvrent de leurs aîles la Déesse Etrangere & son Cortége, & temperent ainsi l'éclat & l'ardeur des rayons brûlans de l'Astre du jour prêt à disparoître dans le vaste Océan. Diane assise dans son Disque enflammé, environnée de mille Astres brillans & tempérés, répand déja sur la terre verdoyante la douce lumière de son flambeau ; cent feux, images des Phosphores, sortent de cent cavités de la terre, percent à travers le feuillage épais d'une forêt, & le disputent par leur clarté à la plus belle Aurore Boréale, qui souvent au déclin du jour étonne le Berger timide ramenant son troupeau. Quelques heureux Mortels témoins de cette Fête, ou plutôt de cette Pompe Triomphale, ne peuvent concevoir d'où partent des effets de lumiere qui ajoutent une clarté aussi tranquille & aussi pure.

O Champs Elysées, autrefois le séjour imaginaire des Ames heureuses, vous voici donc tout-à-coup transportés dans les bois sombres & mystérieux qui environnent le Palais chéri de notre Auguste Souveraine ; le fleuve Léthé en traverse les Plaines fertiles & les riches Vallons : mille Fontaines jaillissantes où se baignent ensemble les Nymphes & les Nayades jouant entr'elles, en rafraîchiſſent les gazons & les parterres. O Trianon, ſéjour délicieux, que les Graces ont pris ſoin d'embellir, Flore elle-même veille ſur tes Jardins : des boſquets de Lys & de Roſes étayés de Lilatiers fleuris, invitent au repos les Déeſſes qui les parcourent. Palais des Divinités, quel triomphe pour toi en ce jour ! & ſi le plus Grand des Rois épuiſa les marbres de Paros pour t'élever, c'étoit ſans doute pour qu'un jour, ou plutôt de nos jours, tu paruſſes dignes de l'honneur qui t'étoit réſervé !

LEURS ALTESSES IMPÉRIALES des Ruſſies parcourent les Jardins de Monſeigneur le Duc de Chartres à Mouceaux.

APRÈS avoir parcouru en fiction & comme par enchantement ſur les divers Théâtres de la Nation, l'immenſité des cieux, pénétré juſqu'aux abîmes du Tartare, viſité à la lueur des pâles flambeaux les lugubres Tombeaux des Héros de la Grèce, joui du bonheur délicieux que les Ames tranquilles & heureuſes goûtent aux Champs Elyſées au ſon de la Lyre de l'Apollon François (Caſtor & Pollux, paroles de Bernard, muſique de Rameau,) contemplé l'intérieur de ces Palais ſuperbes, où des Scènes tour-à-tour effrayantes & attendriſſantes ont intéreſſé l'homme ſenſible & l'homme de génie ; *Leurs Alteſſes Impériales* vont reſpirer l'air pur que la belle nature va leur offrir aux Jardins champêtres & ſpacieux *de Mouceaux*, variés par l'Art, émaillés des dons de Flore ; c'eſt-là que l'un des deſcendans *du Grand Henry*, Créateur ingénieux de cette Contrée de délices, attend avec ſon Illuſtre Epouſe les Princes Voyageurs.

Ne croyez pas, MM. que l'intérieur d'un Palais ſuperbe ſoit préparé par les ordres d'un Sultan Aſiatique : ici la ſimple Nature s'eſt miſe ſeule en frais : des boſquets de verdure, de ſombres réduits, des allées contournantes, des grottes myſtérieuſes appuyées contre quelques parties de rochers que le haſard ſemble avoir depuis vingt ſiécles tapiſſé de lières & de plantes ſauvages : là ſont divers clos contenant une infinité de ceps plantés en compartimens, & taillés ſans doute par les mains de Vignerons de l'Italie, de la Bourgogne & de la Guyenne. De toutes parts les Elémens ſemblent être en action pour fournir l'humide & la chaleur, néceſſaires à la production. Ici des Pompes à feu, Machine hydraulique la plus ingénieuſe, ſans doute, que l'eſprit humain ait imaginée, & qu'on doit à l'Anglois inventif; là des Moulins à vent, nuit & jour en mouvement, élevent, par des opérations différentes, les eaux des profondeurs de la terre juſqu'à la hauteur déſirée, & qui ſont enſuite verſées dans mille petits canaux utiles à la fécondité des Vergers & des Jardins de ce ſéjour délicieux.

Tel eſt l'aſyle champêtre qui va faire quelques inſtans les délices des Souverains du Nord; mais après avoir parcouru mille faux-fuyans tortueux voûtés de Sycomores, de Lilatiers, de Peupliers d'Italie & de mille arbriſſeaux des Indes, après avoir reſpiré, dis-je, un air frais, & pris quelque repos ſur des gazons de Thym & de Serpolet, viſité des cabanes, des manoirs gothiques prêts à s'écrouler, & partagé le repas ſimple des Bergers de retour de leurs champs, dans la cabane même où les laitages crêmeux ſont dépoſés pour y être conſervés & travaillés de cent manieres; de ce lieu délicieux & frais, habité par de jeunes Anglaiſes & Hollandaiſes, Laitieres, qui en ſont les honneurs, les Princes & leur Suite vont chercher dans cette même Contrée d'autres jouiſſances bien plus dignes d'eux.

Un cirque ſpacieux ſoutenu de quelques colonnes dont à peine peut-on appercevoir des veſtiges du majeſtueux ordre Corinthien, qui jadis le décoroit, arrête nos illustres Voyageurs; mille débris de Pyramides, de Colonnes renversées çà & là, de Statues mutilées, de Vases brisés, d'Inscriptions effacées par le tems, de Tombeaux entr'ouverts & arrachés des anciens fondemens des Villes de la Grèce, de l'Italie, de l'Egypte, de la Chine & des Indes, semblent plutôt avoir été fabriqués que transportés dans ce lieu même, & redoublent leurs jouissances.

Que de nouveaux plaisirs les attendent encore sur les rives opposées d'un petit Fleuve dont les eaux empruntées d'un autre Fleuve plus rapide & plus majestueux, qui nourrit la Capitale de la France, obligent les Voyageurs curieux d'exposer leurs jours en se hazardant sur un Pont que le laps des siecles semble devoir entraîner bien-tôt à sa ruine! N'importe : si la traversée immense & périlleuse du Nord au Midi n'a point effrayé ces Etrangers intrépides, le passage d'un Fleuve bien moins dangereux que la Newa & la Seine, sur un Pont même chancelant, ne pourra les arrêter. Le sage Conducteur semble effrayé lui-même; mais n'ignorant pas qu'il n'y a aucun danger, il les guide, & bientôt ils arrivent au-delà, se trouvant au pied d'un Rocher escarpé d'où jaillissent des sources écumantes qui tombant avec fracas dans des précipices affreux, vont se distribuer en mille canaux, & fertilisent ainsi un pays immense. Telle est la Fontaine si célébre de Vaucluse, où le tendre Pétrarque fixa sa demeure pour y chanter & célébrer les attraits de sa belle Laure.

Le séjour de Mouceaux est donc celui des Plaisirs Champêtres, tranquilles & variés; & telles sont les occupations du Prince qui l'habite : Ami des beaux Arts, Protecteur des Sciences, Favori des Muses; qu'il fait offrir & procurer des jouissances agréables aux Etrangers Amateurs, dignes de les sentir & de les apprécier! O vertueuse & intéressante Princesse *de Chartres*, c'est

vous

vous ſeule qui pourriez nous rendre ces mêmes plaiſirs que vous avez partagés avec l'Auguſte *Comteſſe du Nord* dans l'intérieur de votre Palais : mais nous ſavons que l'une des plus douces jouiſſances qu'ait goûté cette Etrangere illuſtre parmi nous, eſt ſans doute de vous avoir auſſi-tôt aimée que connue.

Mais un ſpectacle plus tumultueux & d'un autre genre, attire dans un jour de Fête les Princes du Nord : les anciens Remparts de la Capitale, métamorphoſés en plantations prolongées d'ormeaux, ſont devenus aujourd'hui le point de réunion de toutes les Claſſes de Citoyens confondus, qui vont y trouver des délaſſemens & des plaiſirs proportionnés à leurs goûts, & ſur-tout à leurs fortunes. C'eſt-là que mille Chars variés par leur forme, leur élégance & leur richeſſe, circulent en ordre, & préſentent à l'Etranger un Spectacle enchanteur, qui ſans ceſſe ſe renouvelle. Mais bientôt les Livrées de nos Illuſtres Voyageurs ſont apperçues, & l'œil du Citoyen n'eſt plus fixé que ſur la Princeſſe Etrangere qui ſurpaſſe autant en beauté qu'en puiſſance tout ce qui l'environne ! C'eſt encore en parcourant nos Boulevards, autrefois la défenſe de cette ſuperbe Cité, que les Princes du Nord fixent & admirent les Arcs-de-Triomphe impoſans par leur maſſe, que l'amour de la Nation & le concours des beaux Arts, éleverent à la gloire d'un de nos plus Grands Rois, (Portes de S. Denis & de S. Martin,) & s'aſſurent qu'aujourd'hui cette Capitale, dont l'intérieur leur a préſenté le ſpectacle de toutes les merveilles du Monde, eſt habitée par un Peuple immenſe, ſenſible & généreux, inviolablement attaché à ſes Auguſtes Maîtres, & capable de tout quand on ſait employer ſes talens & ſon zèle.

M. LE COMTE ET MADAME LA COMTESSE du Nord visitent le Palais de Justice où Siége le Parlement.

MAIS, MM. le jour le plus intéressant de ce Voyage des Princes du Nord dans notre Capitale, fut, sans doute, celui qu'ils consacrerent à parcourir les immenses voûtes du Palais de Thémis, premier Tribunal Français, en ce que les Pairs de la Nation & le Roi même en personne y siégent quand il leur plaît. Les portes de ce Temple auguste sont aussitôt ouvertes à *Leurs Altesses Impériales*, qui, confondues parmi les Citoyens, semblent, comme eux, aller reclamer les secours de cette Divinité tutélaire. Déjà ses Ministres respectables siégent sur les Lys, & y exercent les fonctions les plus nobles dont les Hommes puissent jamais être honorés, prêtent une oreille attentive aux discussions vives & animées de cent Athlètes éloquens, qui combattent avec chaleur dans cette noble Arène.

Tour à tour les Défenseurs de la Patrie & des Citoyens, soutiennent les droits de l'Orphelin opprimé, de l'Epouse injustement soupçonnée, ceux d'une Famille nombreuse à laquelle on veut ravir un héritage légitime, en lui opposant une fausse substitution; & c'est ainsi que les droits de tous sont discutés, balancés, & intéressent mille Auditeurs, souvent également intéressés eux-mêmes, & qui en tremblant, attendent l'événement malheureux ou heureux d'un Arrêt redoutable, que les Ministres de ce Sénat auguste vont prononcer après une délibération communiquée & réfléchie.

Mais un Magistrat de la plus haute réputation, paroît tout-à-coup élever la voix, le silence régne; & c'est en ce moment critique, MM. que nos illuſtres Voyageurs, devenus eux-mêmes Citoyens, ſemblent intéreſſés à la Cauſe qu'on diſcute, & redoublent d'attention. L'Orateur-Magiſtrat, fixant le Deſcendant auguſte du *Czar Pierre-le-Grand*, préſent & confondu dans la foule, lui adreſſe avec une noble aſſurance ces paroles mémorables : « Grand Prince, » le Livre ſacré de nos Loix que vous voyez toujours ouvert au » Citoyen qui veut s'aſſurer de ſes droits légitimes, ou de ſes torts, » fut viſité par votre Biſayeul dans une ſemblable occurrence également honorable pour notre Tribunal : ce Souverain, avide de tout » connoître, s'empreſſa de parcourir le Code de notre Légiſlation, » fondé en grande partie ſur le Droit Romain ; & s'appropriant » nos richeſſes en ce genre, il les dépoſa, de retour dans ſes Etats, » au Tréſor de la Politique nationale de ſon vaſte Empire. *Catherine II.* votre Auguſte Mere, a ſçu faire germer dans ſes vaſtes » Etats ces Plantes utiles au bien de l'Humanité ».

» Le Code de Légiſlation Ruſſe eſt donc maintenant fondé ſur » la raiſon même, & des Magiſtrats inſtruits, que cette grande » Princeſſe s'eſt choiſis, en ſont devenus les Interprètes équitables. » Vous-même, *Monſieur le Comte*, préſiderez un jour ce Sénat » reſpectable qui, ſemblable à celui que vous honorez en ce jour » de votre auguſte préſence, contribuera au ſoutien de votre Cou- » ronne, aſſurera le repos à vos Sujets, en défendant leurs droits, » leurs prérogatives, & illuſtrera en quelque ſorte votre Empire.

C'eſt ainſi, MM. qu'après avoir rendu juſtice aux talens du jeune Prince qui doit ſuccéder à *Catherine II.* votre Souveraine, & célébré les vertus aimables & enchantereſſes de ſon Auguſte Epouſe par des Eloges mérités, & que nous n'oſons vous rappeller, dans la crainte d'allarmer ſa modeſtie, notre Cicéron François, l'Éloquent Séguier diſcuta une affaire importante en préſence de *M. le Comte & de Mme. la Comteſſe du Nord*, qui en ſuivirent la marche, en conçurent le fond, & applaudirent aux Conclusions lumineuses du Magistrat qui en leur présence porta la parole.

FÊTE Guerriere donnée au Champ-de-Mars par M. le Maréchal Duc DE BIRON, *& son Régiment des Gardes-Françoises, à Leurs Altesses Impériales M. le Grand-Duc & Mme. la Duchesse des Russies, le 9 Juin 1782.*

QUE ne sommes-nous animés, MM. du génie heureux des Orateurs qui dans ce siécle ne s'occupent qu'à célébrer avec succès les Vertus Guerrieres & Politiques des grands Hommes en tout genre, que la Nation Françoise a produits ! nous pourrions alors, nous devrions même porter nos regards sur l'Auguste Tribunal de l'Honneur François, composé de Vieillards respectables, blanchis dans les champs de la Victoire, & nous occuper à faire l'Eloge de ces Nobles Chevaliers, toujours utiles à leur Patrie par l'exemple soutenu des vertus patriotiques qu'ils ne cessent de donner à la Nation. Eh ! qu'il nous soit au moins permis de rendre hommage à l'enthousiasme soutenu, pour le maintien de l'Honneur François, de la gloire du Trône ; enthousiasme qui brille avec tant d'éclat dans un des premiers Chefs de ce Tribunal, en la Personne de M. le Maréchal *Duc de Biron*, à qui la Garde de la Personne Sacrée du Souverain est commise, & qu'on doit regarder à juste titre comme un Ministre essentiel dans sa Partie.

Ce Chef illustre de la premiere Phalange Guerriere & Françoise qui veille nuit & jour auprès du Trône de nos Rois, attend au Champ-de-Mars *Leurs Altesses Impériales*. Déjà l'Artillerie s'avance, les Bataillons se forment & se disposent au combat, les Drapeaux sont déployés, le bruit de Guerre se fait entendre, & annonce l'arrivée du jeune Souverain du Nord, monté sur un superbe Coursier, environné d'une Elite de Guerriers Russes & Français qui forment son Cortége : ce Prince parcourt les rangs, passe en revue ce Corps nombreux commandé par un Corps d'Officiers distingués ; les Bataillons s'ébranlent & se divisent en formant deux Corps d'Armée, le signal se donne, & le simulacre de Guerre commence.

Le canon étonne la Nature, ébranle le sol qui le porte ; un feu roulant semble animer les uns contre les autres, ces Guerriers intrépides que la fumée dérobe bientôt au Peuple immense témoin de ce spectacle imposant. La manœuvre précipitée de quelques Bataillons en rompt d'autres, qui après une fuite forcée, se repliant sur eux-mêmes, se remettent aussitôt en ordre, & par de nouvelles manœuvres, & des ruses de guerre, marchent à pas redoublés à l'Ennemi d'abord vainqueur, l'atteignent, le prennent en flanc, le mettent en fuite, & restent enfin Maîtres du Champ de Bataille.

O Champ de Fontenoy ! Théâtre de gloire pour le Soldat François & les Généraux qui le conduisoient au combat ; en nous rappellant les noms de ces valeureux Chevaliers qui illustrerent cette journée de triomphes pour la France, nous y lirons toujours avec transport celui de l'intrépide *Biron*, illustre héritier des vertus héroïques de ses Ancêtres. Et toi, Citadelle redoutable de Prague ! tes créneaux ne sont-ils pas encore teints du sang de tes propres Défenseurs, que l'épée de ce Héros valeureux sçut y répandre ! Quarante années, & plus, de travaux guerriers ont mérité la Couronne de l'héroïsme à ce noble Citoyen : ses vertus politiques & patriotiques lui ont également valu les Palmes de l'immortalité, & son nom sera à jamais consigné dans l'Histoire des Grands Hommes qui ont eu des droits à la confiance & à l'estime de ses Augustes Maîtres, & à la reconnoissance de tous les Citoyens de cette Capitale, pour avoir sçu veiller à leur sûreté & à leur repos. (1) En effet, nuit & jour sa Troupe guerriere & disciplinée, ne prévient-elle pas sans cesse les crimes, les desordres,

---

(1) OBSERVATIONS PARTICULIERES

SUR la Fête Guerriere donnée au Champ de Mars à M. le Comte & à Madame la Comtesse DU NORD.

NOUS aurions craint d'interrompre le sujet principal de notre Discours, si nous nous fussions étendus plus au long sur M. le Maréchal *de Biron*; mais qu'il nous soit au moins permis de nous entretenir quelques instans de ce bon & généreux Citoyen, autant ami du Soldat que de ses semblables. Sans doute que ce n'a été que par une sagesse & une fermeté des plus constantes, que ce Général est parvenu à étonner, ainsi que nous l'avons déja observé, l'un des Princes le plus versé dans l'Art de la Guerre, l'EMPEREUR, & aujourd'hui l'Héritier du Trône des Russies, en développant à leurs yeux ses Bataillons exercés dans la Tactique la mieux raisonnée; & en leur en faisant appercevoir la tenue générale, de même que les détails infinis qu'elle entraîne à sa suite. En un mot, cette Troupe ne doit-elle pas servir de modèle aux autres Corps Militaires du Royaume, en ce qu'elle est la seule où il y ait une Etude de Gymnastique raisonnée pour le jeune Soldat, Ecole en même tems où les principes de l'honneur & sur-tout ceux de la Religion sainte, sont enseignés à cette Jeunesse destinée à succéder au Soldat vétéran qui périt dans les combats, ou qui va terminer sa carriere dans cet Hôtel élevé par le plus grand des Monarques, & destiné à faire jouir le brave Guerrier du repos mérité par ses services?

Disons encore, à la louange de cet illustre Maréchal, qu'il est le seul peut-être, qui fasse constamment les honneurs de la Capitale par une représentation soutenue, mais moins fastueuse que solide, en recevant chez lui les Etrangers de marque, le Corps nombreux des Officiers de son Régiment & les François distingués par leurs noms & leurs places; qu'en un mot, il est, à juste titre, considéré par le Peuple de la Capitale comme sa sauve-garde & son Pere; par

ne dissipe-t-elle pas d'un coup-d'œil les émeutes d'un populace vagabonde, & ne rend-t-elle pas au même instant à l'Habitant timide, sa premiere sérénité ?

---

la Noblesse Militaire qui l'approche & sert sous ses Drapeaux comme son Protecteur & son soutien ; & par les Etrangers, comme un grand Seigneur François qui en les accueillant est assuré de réunir tous les suffrages en sa faveur.

L'on sçait que ce Général François ne fait diversion à ses occupations guerrieres qu'exigent les affaires du Tribunal de l'Honneur des Maréchaux de France dont il est l'un des Membres, & les détails infinis de l'administration de son Régiment, qu'en s'occupant du soin de cultiver son Jardin, l'un des plus beaux de l'Europe, & de faire jouir les Etrangers & les Nationnaux même des agrémens en tout genre qui s'y trouvent réunis. C'est donc là que ce Vieillard respectable trouve des délassemens après les Exercices Militaires du matin, & qu'il invite les Officiers de son Corps qui l'ont secondé, à se rendre chez lui pour y partager ses plaisirs.

M. le Comte & Mme la Comtesse DU NORD, en sortant du Champ de Mars, honorerent aussitôt de leur présence le domicile de M. le Maréchal *de Biron*, furent le visiter & le remercier même du beau Spectacle Militaire dont il venoit de les faire jouir, & aussitôt ces Princes & leur suite vont parcourir les Jardins magnifiques de son Hôtel. La saison des fruits sembloit alors avoir devancé sa course de quelques jours ; les cerisiers & les fraisiers sur-tout offrent, sans apprêt, leurs récoltes abondantes & mûres à nos illustres Voyageurs, qui semblent bien plus agréables à la Princesse dès-lors qu'elle les cueille de ses mains.

Les plates-bandes émaillées & les amphithéâtres de Fleurs firent diversion à la collation prise dans les vergers. Disons que les Jardins si renommés de Harlem, ceux qu'on trouve sur les rives des Canaux d'Amsterdam à Utrecht, quoique magnifiques & curieux, n'offrent rien qui puisse être comparé à ceux de l'Hôtel de Biron.

En ces momens de jouissance tranquille, ne semble-t-il pas voir Mars quitter ses armes pour faire les honneurs de l'habitation de la Flore du Midi à la Flore du Nord ? Tels, sans doute, se montroient nos preux Chevaliers Français au retour des Campagnes meurtrieres & de leurs Tournois, oubliant leurs exploits guerriers, ne s'occupoient dans ces jours de repos, que de la conquête des Cœurs aimables : & tels sont encore nos Guerriers, qui, à tout

(1) Et vous, braves Soldats, exprimez dans vos Chansons guerrieres votre reconnoissance, & répétez mille & mille fois, que des bienfaits de cette généreuse Souveraine, naît votre allégresse!

âge, se montrent toujours galants auprès du Sexe enchanteur. Madame la Comtesse du Nord aimant & connoissant les belles productions en Fleurs, semble en fixer plus particulierement une des plus rares; mais quelle est donc sa surprise en lisant sur sa tige, *la Comtesse du Nord!..* ». Cette Tulippe vous » appartient, Madame, lui dit alors M. le Maréchal; en voici d'autres qui » composent sa Cour, permettez qu'elles vous suivent aussi pour être trans» plantées dans vos Jardins de Pétersbourg ». O grande Princesse! pourriez-vous refuser un don offert avec autant de grace? Non, vous en mettez encore plus à le recevoir; & le noble Chevalier Français en est pénétré de sensibilité. Nous devons encore observer que ce Héros n'avoit pas été moins généreux envers M. *le Comte du Nord*, qui, au Champ de Mars, ayant monté son cheval de guerre, pria le Prince de lui faire l'honneur de l'accepter tout équipé. Sans hésiter, Son Altesse Impériale reçut aussitôt ce don avec la franchise d'un jeune Héros Français qui veut plaire à son Général.

Si de tels présens ont dû flatter celui qui a osé les offrir, disons que les Princes qui les ont acceptés n'ont pas moins été sensibles aux manieres grandes & gracieuses du Seigneur Français qui leur en a fait le sacrifice, si toutefois on peut ainsi caractériser des dons offerts avec tant de noblesse.

(1) *M. le Comte & Mme la Comtesse du Nord*, toujours grands, toujours généreux, ne le sont pas moins dans cette circonstance, qu'ils l'ont été partout où ils eurent occasion de manifester leur sensibilité, leur reconnoissance même, & ce fut sur-tout dans celle-ci où particulierement la bienfaisance de Mme *la Comtesse du Nord* se signala, & nous devons observer que M. *le Comte du Nord* lui laissa en ce jour tous les honneurs de manifester sa générosité envers une Troupe Françoise, qui par l'organe de son Chef, sçut reconnoître & accepter des bienfaits d'une Princesse seule, *faite*, sans doute, *pour être admirée & jamais refusée*; c'est ainsi que va s'exprimer M. le Maréchal de Biron. (Cette générosité fut de 500 louis d'or).

RECEPTION

RÉCEPTION de Leurs Altesses Impériales des Russies, le Comte & la Comtesse du Nord, au Château de Chantilly, par Leurs Altesses Sérénissimes M. le Prince de CONDÉ, *& M. le Prince de* BOURBON, *son fils, le 10 Juin 1782. Fêtes données à ces Princes Etrangers le même jour & les deux qui suivirent.*

CHANTRE sublime des Héros François, qui n'es plus, divin Voltaire, ranime ta cendre; que ton ame s'élance du marbre glacé qui ne rend plus parmi nous que ton image : viens m'inspirer; je vais admirer les vertus guerrieres, sociales & politiques du

---

LETTRE DE M. LE MARÉCHAL DE BIRON
A M. LE PRINCE BARIATINSKY.

De Paris, le 12 Juin 1782.

MONSIEUR,

J'AI rendu compte au ROI de la derniere conversation que j'ai eu l'honneur d'avoir avec vous; & SA MAJESTÉ permet à son Régiment des Gardes de recevoir de Madame la Comtesse DU NORD, les marques de bonté & de satisfaction qu'elle veut bien lui donner.

Le Chef de ce Corps est pénétré de respect pour cette illustre Souveraine : elle est faite pour être admirée, & jamais refusée; ainsi elle peut envoyer ses ordres. Le Maréchal de Biron verra avec grand plaisir un des premiers Corps du Royaume se réunir à lui, en faisant des vœux pour sa conservation & celle du respectable Comte DU NORD.

J'AI l'honneur, &c. *Signé*, LE MARÉCHAL-DUC DE BIRON.

Descendant de ce Héros magnanime qui fut le soutien de l'honneur Français, le *Grand Condé*, Prince que tu as célébré dans tes Ecrits immortels ! Prête-moi ta plume enchanteresse pour au moins tracer à grands traits les jouissances aimables que l'Héritier de l'ame de ce Grand Homme vient de faire goûter en ce jour au Prince & à la plus intéressante Princesse qui jamais soit sortie de ses Etats pour venir embellir les nôtres.

Ce Prince, le Mars vivant de la France, après avoir parcouru les divers Palais des Divinités, ne semble-t-il pas s'être enfin fix

---

LETTRE DE MADAME LA COMTESSE DU NORD

A MONSIEUR LE MARÉCHAL DE BIRON.

A Paris, le 13 Juin 1782.

QUOIQUE le suffrage d'une Femme, lorsqu'il s'agit du Militaire, est de bien peu de conséquence ; cependant il lui est permis de mêler ses applaudissemens à ceux du Public. Recevez donc, MONSIEUR LE MARÉCHAL, mes remerciemens pour votre complaisance, en nous faisant jouir du beau spectacle de la revue de votre Régiment, & permettez-moi de vous assurer que mon Mari & moi en avons ressenti la plus grande satisfaction. J'aurois désiré pouvoir vous donner cette assurance dès Lundi ; mais mon voyage de Chantilly m'en a empêché. Je profite du premier moment que j'ai à moi, pour vous prier, MONSIEUR LE MARÉCHAL, de permettre à votre Régiment d'accepter cette bagatelle, comme le simple témoignage de notre satisfaction & reconnoissance ; & enfin, pour vous dire la chose sans détours, je désirerois qu'ils boivent à la santé de leur Général & à la mienne. En vous réitérant, MONSIEUR LE MARÉCHAL, mes remerciemens pour toutes vos attentions & politesses, que je sçais apprécier & reconnoître ; je vous prie d'être persuadé des sentimens d'estime & de considération avec lesquels je serai toujours.

Signé, LA COMTESSE DU NORD.

à celui de Flore pour en faire à jamais sa demeure ? O Chantilly ! quel triomphe pour toi, de posséder un tel Seigneur !

COUPLETS CHANTÉS AU REPAS.

Que Madame la Comtesse du Nord a donné au Régiment des Gardes-Françaises.

AIR DU VAUDEVILLE DE TOM-JONES.

Du fond du Nord un Héros vient en France :
Ce Mars est suivi par Vénus ;
Cette Déesse amene l'abondance :
Amis, célébrons leurs vertus.
Qu'en ce beau jour chacun de nous s'empresse
A fêter ce couple enchanteur :
De leurs bienfaits naît l'allégresse ;
C'est le triomphe d'un bon cœur.

❋

Le Souverain qui regne sur nos âmes
Honore ce Couple charmant ;
Dans tous nos cœurs naissent les mêmes flâmes,
Sa Loi fait notre sentiment :
Pour le servir destinés dès l'enfance,
Plus ses amis que ses sujets ;
Lui consacrer notre existence,
C'est le triomphe des Français.

❋

Illustre Reine, ornement de la France,
Vous chérissez ce Couple heureux ;
A vos côtés que sans cesse on l'encense,
Pour vous, pour lui sont tous nos vœux :
Si des Guerriers l'hommage peut vous plaire
Recevez le nôtre en ce jour ;
Au beau Dauphin donnez un Frere,
C'est le triomphe de l'Amour.

Grand Maréchal, notre Ami, notre Pere,
A ces Epoux offrez nos cœurs ;
Vous connoissez notre amitié sincere,
Sans vous, pour nous point de bonheur.
Si le Héros des Russes nous admire,
Nous vous devons ce succès-là :
De vous aimer jusqu'au délire,
C'est le triomphe du Soldat.

❋

Toi, du Sauzay, Général intrépide,
Dans tous les tems notre soutien,
Si parmi nous le bon ordre préside,
Toujours on t'en doit le maintien.
Chacun de nous en toi croit voir un Pere,
Nous rendre heureux est ton vouloir ;
Tous les Soldats vivent en frere,
C'est le triomphe du devoir.

❋

Vive Louis & la Reine Antoinette,
Vivent du Nord les Souverains,
Vive Biron, & que chacun répete
A chaque instant ces doux refreins :
Que le Destin à ces Noms soit propice,
Qu'ils soient heureux dans tous les tems !
Vivre & mourir à leur service ;
Voilà pour eux nos sentimens.

Par Monthelier, Caporal de la Compagnie de Despaing.

Mais, quel Cortége nombreux formé de la Maison même de Condé, sort de l'enceinte spacieuse du Château! Où porte-t-il ses pas? Sans doute qu'il va au-devant des illustres Etrangers attendus, pour leur servir de Cortége, & bientôt vont-ils arriver par l'Esplanade immense toujours couverte de verdure naissante.

Déjà le Char brillant préparé pour l'Auguste Etrangere est rendu à sa destination; & Madame la Princesse de Bourbon, semblable à la Reine des Amazones, suivie de la jeune Hébé sa fille, conduit à la Souveraine des Régions glacées une Brillante Cour uniformément parée. Le bruit des cors retentit au loin dans les bois & les vallons: une Troupe légere servant d'avant-garde, précipite sa marche pour donner le signal que les Princes Etrangers arrivent.

Un Peuple immense dispersé dans la Campagne & sur les chemins, fait déjà entendre de loin les cris d'allégresse qui se propagent jusqu'aux avant-cours; le canon redouble ses coups, anime les chevaux devenus plus fougueux; la Garde qui se développe, forme deux lignes, & fait place au Char des Princes Etrangers: ce Char s'arrête au péristyle du Château, où les Princes de Bourbon-Condé, réunis, attendent & reçoivent au même instant les Augustes Voyageurs du Nord.

Quelques momens donnés à cette Auguste Entrevue & au repos, dans un Sallon Royal; un Festin somptueux & digne des Dieux même est aussitôt annoncé que servi. Des Concerts tour-à-tour Guerriers & Champêtres ajoutent aux charmes que cette Auguste Assemblée goûte & fait goûter au concours prodigieux de Citoyens d'élite, accourus de la Capitale & des Châteaux du voisinage, pour partager les plaisirs de ces Fêtes multipliées qui vont se succéder, & ce Peuple contribuoit lui-même à les embellir en leur donnant de la vie & du mouvement.

Mais un Spectacle de goût va suivre ce premier Banquet Royal ; un Théâtre suffisamment spacieux & galamment décoré, est déjà occupé par une infinité d'Acteurs exercés & prêts à intéresser la brillante Cour qui vient jouir de cette premiere Fête.

Ne croyez pas, Messieurs, que des Scènes tragiques arrachent en ce jour des larmes aux Spectateurs : non ; le Théâtre de Chantilly ne fut jamais consacré qu'aux passions tranquilles & de sentiment. La Tendresse & l'Amitié, les Jeux & les Ris, la Danse & les Chansons, vont exprimer tour-à-tour les douces sensations que doivent goûter nos illustres Voyageurs, & tout ce qui les entoure. Apollon & les Muses, les Zéphirs légers & les tendres Amours s'empressent à l'envi de célébrer par d'ingénieuses Allégories l'union des deux Augustes Epoux, qui déjà se regardent comme les Amis tendres & chéris des Maîtres de ce Séjour enchanté.

Mais quel spectacle plus ravissant encore succéde à ces premiers divertissemens ! C'est l'Amour, oui, l'Amour même, qui dans ce jour de triomphe, habitant son Palais d'été, environné d'eaux limpides, de bosquets de Lys & de Roses, va recevoir la Cour de la jeune Souveraine du Nord, parées des mêmes livrées de celle de Chantilly, & toutes deux réunies, n'en forment en ce jour qu'une. Ce Dieu fait seul les frais de cette brillante Fête : sans doute qu'il avoit emprunté la Baguette Enchanteresse d'Armide, puisqu'au même instant parurent sortir des Eaux divers Pavillons aussi élégans que magnifiques.

Le même Peuple venu des Contrées voisines, toujours curieux & sensible, accourt de toutes parts & s'empresse pour appercevoir la Princesse Etrangere & son Epoux. Des acclamations se mêlent au son des instrumens, & ce fut alors que l'heureux Berger (1), qui avoit si bien chanté les Illustres Etrangers reparut à leurs yeux pour y recevoir la récompense dûe à so[n]

---

(1) *COUPLETS DE M. LAUJON,*

Qui terminoient le Divertissement Villageois donné à la suite de l'*Am[i] de la Maison*, devant M. le Comte & Mme la Comtesse du Nord, au Théâtre de Chantilly.

Air *des Ecosseuses*, ou *J'aimois Mlle du Rozier.*

THERESE.

Y-A cheux nous deux Voyageurs,
Qui plaisont à tous les cœurs;
Ça n'est pas nouveau pour eux,
Ce partage heureux
S'attache à tous deux.
Avant de les voir j'en doutions,
En le voyant j'y croyons.

❋

Le Maître & le Pere à nous tous
En eut le plaisir avant nous;
D'accord avec sa Moitié,
Il leur a marqué
Tout plein d'amiquié.
Il l'-s-'a vus, mais moi j'les vois;
Me v'là content comme un Roi.

❋

Qu'est-c' que l' plaisir d' les voir,
Près st't'y-là de les recevoir?
J' pourrions citer un Seigneur
Dont ça remplit l' cœur
D'un nouveau bonheur;
Après, quand faudra s' quitter,
Qu'à son cœur ça va coûter!

❋

A chaque pas ils doublont
L'nombre de ceux qui l'-s'aimont;
Sur ça s'ils écrivont tout,
Quoiqu' ça fait beaucoup,
Ils ne sont pas au bout;
Leurs cœurs, avant la saison,
Chaque jour font leur moisson.

C'qui m' plaît, c'est qu'ils ont appris
L'biau langage de Paris:
L' mot & l' jour qu'il faut choisir,
Pour faire plaisir,
Ils sçavont l'saisir;
Ça fait qu'ils voyont tous deux
Ben plus clair dans tous nos vœux.

❋

Moi j'croyois que les chaleurs
Formiont tout l'éclat des Fleurs:
J'crois qu'ils n' v'nont nous trouver,
Que pour nous prouver,
Ça donne à rêver,
Qu'il naît au sein des frimats
Des Fleurs pour tous les climats.

❋

V'là mot pour mot c'qu'un Docteur
Disoit de ce Couple enchanteur:
L'Astre du Ciel étranger
Veut nous obliger,
Sans doute, à juger
Que l'éclat que j' l'y croyons
Double en voyant ses rayons.

Couplet *chanté alternativement par les Acteurs.*

Où chacun des deux ira,
Chacun des deux entendra:
Pour vous ici comme là,
Ce qui part de là
Vient se fixer là;
Et toujours là, comme ici,
On dira, revenez-y,
Par plaisir, revenez-y.

talent. » Aimable & tendre Berger, lui dirent-ils, tu n'as oublié » qu'un Couplet, celui qui devoit exprimer la reconnoissance » dont nous sommes pénétrés pour ton Seigneur & bon Maître, » qui nous procure autant de plaisirs par des Fêtes aussi variées » que magnifiques.'

C'est ainsi, Messieurs, que rien n'échappe à ces Princes généreux & sensibles, pour dévoiler à tous ceux qui les entourent l'expression tendre de leurs ames.

Le repas du soir fut servi dans l'un des Pavillons de ce séjour délicieux ; tout y respiroit la fraîcheur du Printems, & la gaîté des tendres Amours qui en faisoient les honneurs ; & toujours une mélodieuse Musique ajoutoit aux charmes de ce Banquet Champêtre.

Ce n'est pas sans peine que nos Illustres Convives se séparent de ce séjour enchanté; mais l'Appartement toujours réservé à nos Souverains les attend, & ils s'y rendent pour y trouver le doux repos de la nuit.

Le lendemain, nouveaux genres de plaisirs, mais bien plus sérieux, occuperont nos Etrangers. Le superbe édifice des équipages de Guerre & de Chasse est d'abord visité par ce Prince Amateur & Connoisseur en belle Cavalerie ; c'est-là qu'il voit le superbe cheval de bataille que monta S. A. S. Monseigneur le Prince de Condé dans les Campagnes de la derniere Guerre. Il voit aussi celui qui est destiné au Prince de Bourbon, prêt à partir pour Gibraltar ; une Cour nombreuse les suit de ce lieu vaste ; qu'on peut assurer être l'unique dans ce genre en Europe ; de-là ils se transportent à la Gallerie des Conquêtes, Monument qui retrace les Victoires glorieuses du Grand Condé. Vraisemblablement parcourent-ils encore l'Arcenal contenant les Armures en acier poli de nos Preux Chevaliers François, celles d'une suite de nos Rois dont les *Condés-Bourbon* sont issus : le Cabinet d'Hiſtoire Naturelle les intéreſſe encore ; & telles furent les occupations du matin, terminées par la viſite des Jardins Potagers où les fruits des Indes mûriſſent en toutes ſaiſons ; & de toutes parts, l'on voyoit des eaux jailliſſantes, qui par une vapeur humide tempéroient l'Aſtre brûlant du Midi. Mais quelle ſurpriſe pour nos Voyageurs en reconnoiſſant l'Iſle d'Amour, qui la veille avoit fait tous leurs délices, de ne plus y appercevoir l'édifice qui le jour précédent les avoit le plus étonné! Ils en marquerent auſſitôt leur admiration *à M. le Prince de Condé*, ſans doute alors dépoſitaire de la Baguette Magique des Fées.

Après le coucher du Soleil, toute la Cour ſe rendit au *Hameau*, lieu champêtre ſi renommé dans toute cette Contrée. Je crains, Meſſieurs, que le talent pour peindre ce ſéjour délicieux, & que l'art n'a point embelli, me manque. Viens donc à mon ſecours, ô Virgile François, qui depuis peu as ſu ſi bien chanter ſur ta Lyre les Jardins de Trianon, de Choiſy, de Bagatelle & d'Aurency ! viens ranimer les ſons de la mienne, ou prête-moi du moins tes crayons aimables & tendres pour décrire en ce jour les Jardins champêtres & ſi variés de Chantilly ! C'eſt avec toi que ſans ceſſe je dirai :

> Voyez & revoyez ce pompeux Chantilly,
> De Héros en Héros, d'âge en âge embelli.

Dans l'immenſité d'objets intéreſſans qui ſe trouvent diſperſés aux environs du Château, l'on y remarque ſur-tout un Hameau, ſéjour ordinaire du premier Berger du Canton, & de ſa fidelle Compagne, riches ſans doute, puiſqu'ils en font ſans ceſſe les honneurs aux Etrangers qui vont les viſiter : peut-être encore qu'avertis qu'une Compagnie honorable & étrangere, conduite par leurs bons Maîtres, ſe rendroit dans leur Verger ; ils ſe mirent bien plus en frais que de coutume, & emprunterent même, dit-on, dit-on, toute la magnificence du Château de leurs Seigneurs. Les Tambours, les Musettes, les Hauts-Bois précédoient tout un Peuple de Bergers & de Bergeres les plus jolies des Hameaux voisins: cette Troupe légère fut au-devant de la belle Cour: toutes les avenues & les bords des canaux étoient si bien illuminés qu'on y voyoit comme en plein jour, & les lumieres réfléchissoient dans les eaux une clarté vive & douce. A la tête du Canal on appercevoit dans le lointain une Pyramide d'une hauteur extraordinaire, illuminée jusqu'à son sommet, & sur toutes ses faces. Cet ensemble de lumieres présentoit une Féerie la mieux entendue & en même-tems la plus agréable.

L'on sait que les Hameaux se disputent la gloire d'avoir au milieu de leur place l'Ormeau le plus élevé, & qui jette le plus d'ombrage: celui de nos Bergers est renommé dans tout le Canton, & aux jours de Fêtes il sert de rendez-vous aux jeunes Villageois & à leurs Compagnes qui aiment la danse: de cent branches de cet Ormeau, & à travers son épais feuillage, pendoient deux mille lumieres de diverses couleurs, dont l'effet parut si agréable aux Illustres Voyageurs & à toute leur suite, qu'ils ne quittoient les yeux de dessus cet arbre que pour jouir de la gaieté de deux cents Danseurs & Danseuses vêtus en blanc & parés de leur seule jeunesse: vingt contre-danses occupoient le pourtour de l'Ormeau; tous les Princes & Princesses confondus dans ces Grouppes Villageois, jouissoient des vrais plaisirs champêtres. Un Berger, sans doute le Cérifée du Hameau, propose une ronde générale, & chante aussitôt une Chanson en l'honneur des Etrangers qui sont venus les visiter. L'on seroit tenté de croire que la Muse de ce Hameau n'est pas tout-à-fait une Muse Villageoise, & que par fois elle va consulter celle qui habite le Château du lieu, qui au moins lui avoit inspiré en cette occasion ce refrein:

O

Nous le Voyons ici (M. le Comte du Nord,) accompagné de la Mere des Graces & des Amours. (1) Refrein qui cent fois fut répeté par tout ce qui environnoit le Prince & la Princesse ; comblés eux-mêmes de se voir ainsi célebrés par une troupe de Villageois, qui dans leurs éloges ne savent point dissimuler, & sont pénétrés en ce jour de la même sensibilité de leurs Maîtres à leur égard.

Mais voici une Flotte de Pirogues qui déja attend au Port la Cour Etrangere : les Flammes des Pavillons sont agitées par un vent frais : les Matelots sont prêts à lever l'ancre.

Des Tritons sonnent leurs Conques, font retentir les airs par leurs Concerts aigus, & attirent à eux les poissons antiques dont les écailles sont dorées par le tems.

---

(1) RONDE CHANTÉE AU HAMEAU.

AIR : *Allons donc, Mademoiselle.*

OR c'étoit la Mer' Michelle,
Qui chaqu' soir au r'tour des champs,
Contoit sur son escabelle
Des Histoir' du bon vieux tems :
Moi j'ai mis dans ma mémoire
Tout c' qui m'a paru d' plus beau ;
J'vais vous l'conter, on peut m'croire,
Car on n'ment pas au Hameau.

❋

ALL' nous parloit du Grand PIERRE,
Grand Dieu ! qu' n'en a-t-ell' pas dit !
Comme il défrichit sa Terre,
Et comme il la défendit ;
Enfin, si j'croyons la Mere,
Il fit tant & tant d'nouviau,
Que l'y-même, à force d'faire,
Ne r'connut plus son Hamiau.

❋

. . . .
. . . .

ALL' disoit, ça me f'soit rire,
Y-a des Rois qui sont par-tout,
Qui sortont de leur Empire,
Un aut' les attend au bout :
Y-a d'ces Rois, chez eux qui gèle,
N'ont qu'à s'montrer, l'cœur est chaud ;
Et où as qu'elle est la Mer' Michelle,
Pour voir ça dans le Hameau ?

❋

. . . .
. . . .

❋

JOUISSEZ, jeunes Fillettes,
Des biaux lieux qu'vous habitez ;
Le calme de ces retraites
Vaut bien le bruit des Cités :
Tout y charme qui les aime,
L'Ciel, la Terr', l'ombrage & l'eau ;
C'est sur-tout à l'instant même,
Que l'bonheur est au Hameau.

La Reine des Nymphes de ce beau lieu, *Mademoiselle de Condé*, métamorphosée en Nayade, coëffée de roseaux, de perles & de corail, arme déja ses mains d'avirons légers proportionnés à ses forces, & rame avec grace & gaieté : l'Onde pure semble se prêter aux efforts de son jeune âge ; le *Prince du Nord* ne peut être que dans l'enchantement, de se voir voguer sous la conduite d'un Pilote aussi aimable.

Aux côtés de cette Pirogue, appellée sans doute l'*Amirale Condé*, voguoit le Chef-d'Escadre monté par M. *le Prince de Condé* en personne, qui jaloux d'avoir à son bord la Princesse Etrangere, conduisoit lui-même ce vaisseau léger : ainsi parcouroit l'immensité des Canaux sinueux, cette importante & nombreuse Flotte, non pas pour aller conquérir un nouveau Monde, & le rendre Tributaire des Etats fleuris de Chantilly ; mais pour visiter les côtes d'un petit Empire voisin, & habité par un Peuple aimable d'Amazones : l'Escadre mouille les Parages arides de cette Contrée éloignée, il faut gravir un Rocher escarpé pour jouir de ce nouveau climat : la Reine des Amazones avertie, sans doute, de l'arrivée d'une Cour étrangere, étoit accourue suivie de la sienne : la voici déja sur ce même Rocher qui attend les illustres Voyageurs, pour leur rendre les honneurs dûs à leur rang Suprême : un simple Trône de gazon & de mousse annonçoit la simplicité, mais étoit bien embelli par un nombreux & fidéle Cortége d'Amazones, qui par des acclamations réitérées accueillirent les Princes du Nord, qui au même instant occuperent ce Trône de verdure élevé exprès pour eux.

Ces Fêtes champêtres parurent si intéressantes à toute la Cour de Chantilly, & sur-tout *à M. & à Madame la Comtesse du Nord*, que les uns & les autres semblent être encore en doute, si, véritablement, elles étoient une réalité ou une illusion, & s'imaginent toujours être dans les Bocages de l'Isle d'Amour, & de ce charmant Hameau; tant il est vrai que tout ce qui touche de près la simple Nature, touche également notre ame!

On le sait, Messieurs, le plaisir de la Chasse fut toujours pour les Princes l'exercice & l'image des plus nobles amusemens; les Forêts de Fontainebleau, de Compiegne, de Versailles, de l'Isle-Adam, de Villers-Coterets, & sur-tout de Chantilly, sont meublées de Cerfs, animaux très-rares dans le Nord.

Dès le matin d'un beau jour, la Vénerie, Corps nombreux du *Prince de Condé*, étoit déja sur pied, les Cors & les Meutes se faisoient déja entendre, & annonçoient aux Princes Etrangers les plaisirs d'une Chasse au Cerf; le signal donné, tous les Princes, les Seigneurs Russes & François montent à cheval.

Madame *la Comtesse du Nord*, & à ses côtés *Madame la Princesse de Bourbon*, *Mademoiselle* & *M. le Duc d'Anghuien* dans un équipage brillant & découvert, suivis de vingt-sept autres remplis de Dames & de Seigneurs de la Cour de Chantilly, tous en habits d'ordonnance, arrivent au rendez-vous; cinq cents autres équipages d'Etrangers connus, remplissoient la plaine & les routes adjacentes.

Le Cerf, d'abord courageux, portant son bois avec fierté, à peine se voit-il lancé, qu'il fait perdre sa trace à la meute qu'il trompe: cent fois reparoissant, il sembloit se jouer dans sa course légère, & provoquoit ses Ennemis toujours plus animés à le suivre; mais trompé lui-même par les cors qui le rappelloient sans cesse sur la voie & au rendez-vous général; bientôt affaissé par le poids énorme de son bois, sa tête d'abord altiere, devient un fardeau accablant que ses frêles jambes ne peuvent plus soutenir, & pressé de vitesse par les coursiers des Illustres Chasseurs criant, *à la ly*, l'animal rendu, tombe de fatigue, s'arrête un instant devant la Princesse étrangere, semble lui demander la vie en laissant couler des larmes; mais se voyant pressé & presque atteint sans espoir d'échapper à la mort, il se précipite dans les eaux, traverse un fleuve, toujours poursuivi par une meute de chiens acharnés à le joindre : à peine touche-t-il à la rive opposée, qu'aussi-tôt ses Ennemis s'élancent avec fureur sur lui, le saisissent, le déchirent & reviennent ensanglantés fiers d'avoir vaincu leur ennemi. La Princesse compâtissante du Nord, témoin de ce spectacle cruel, eût alors voulu porter des mains secourables à cette victime bien plus malheureuse que coupable; mais comment arracher une victime innocente à des bourreaux inflexibles & déja baignés de son sang ?

Mais, MM. les jours sont marqués. Les Princes du Nord forcés de quitter ce lieu de délices, sont encore bien plus vivement peinés de s'arracher des bras de l'amitié qui les a reçus avec cette effusion qui ne peut s'exprimer.

Ici, MM. nous tirons un voile impénétrable, & nous nous dérobons ces élans que la sensibilité produit toujours dans les ames tendres, & qui [illegible]ntent avec transport. Les adieux d'Iphigénie ne furent point aussi expressifs, & les filles de Lesbos ne verserent pas plus de larmes en la voyant partir, que les Princesses de Chantilly quand elles virent disparoître la Souveraine Etrangere.

Il est des Princes, MM. qui ont conquis des Provinces par les armes : mais les Souverains du Nord font plus encore, ils ont fait la conquête de tous les cœurs François; tout ce qui est parti d'eux est devenu l'expression même de la sensibilité, de la grandeur d'ame, de la vraie politesse & de l'amour de l'humanité.

Nous n'avons joui qu'un clin-d'œil de l'auguste présence du *Comte du Nord*, & il n'a paru dans notre Capitale qu'en Roi-Philosophe qui ne regnera sur ses Peuples que pour les rendre heureux,

S'il a daigné visiter nos Aréopages de Savans, s'il s'est confondu parmi eux en simple citoyen, s'il a su apprécier leurs chefs-d'œuvres divers, s'il a su donner des éloges mérités & à propos aux productions de génie, s'il a accueilli les talens en tous genres, si enfin il a été sensible aux transports de nos Concitoyens François, qui en foule ont suivi ses pas pour le voir & l'entendre; ne craignons pas de le dire, il ne s'est jamais montré parmi nous qu'en bon & fidele François; & c'est en présence d'un Peuple immense & d'élite réuni dans nos Salles de Spectacle, qu'il s'est assuré qu'un Prince peut compter pour autant de Sujets, les hommes, de quelque Nation qu'ils soient, toujours ivres d'allégresse quand ils voyent un Prince modeste qui daigne se confondre parmi eux.

Enfin, MM. rien n'échappe à la pénétration, à l'activité, aux goûts pour le solide, l'utile & le grand de *Monsieur & de Madame la Comtesse du Nord*; tout ce qui peut être réversible au bien de l'humanité, ils se l'approprient & se montrent semblables à ces êtres vivans & utiles qui mettent à contribution une terre étrangere à leur Patrie, sans la ravager, vont y pomper les sucs des plantes odoriférantes qui la couvrent, forment des magazins de cette abondante récolte & enrichissent ainsi leur République par leurs courses fructueuses & leurs travaux continuels.

Quel vaste champ! quels riches matériaux pour exercer le talent & le génie de nos Savans, de nos Littérateurs, de nos Artistes mêmes! C'est aux Souverains qui se sont immortalisés, plus encore par leur bienfaisance que par leurs triomphes, auxquels nous devons les chefs-d'œuvres que nous possédons, & qui feroient l'admiration de la postérité. Les vertus des Princes, vous le savez, MM. sont l'aliment du génie créateur, c'est le feu divin qui le développe, qui l'échauffe & qui l'enflâme. L'héroïsme d'Achille a été le germe de l'Iliade; les grands Hommes de la

Grèce ont produit les Phidias, les Praxitelle : ce fut à Auguste que Virgile dut la gloire d'être regardé comme le Prince du Poëme Epique, & c'est à l'immortel Henry que nous devons le Poëme immortel lui-même de la Henriade : ce sera sans doute au *Czar* que votre Nation devra un jour un chef-d'œuvre qui célébrera sa gloire. Le regne des grands Princes fut donc toujours celui des grands Hommes.

Si la France s'applaudit en quelque sorte, MM. de voir vos Augustes Princes quitter avec regret nos foyers, elle se glorifie encore plus d'avoir pu fixer & intéresser leurs ames & leur génie : & si nos Augustes Maîtres ont ajouté de l'éclat à leur Trône, ont embelli leur Cour, ont ouvert leur cœur au sentiment de l'amitié, de la tendresse même, lorsqu'ils ont reçu Leurs Altesses Impériales ; si enfin nos Princes du Sang se sont empressés tour-à-tour à leur donner des Fêtes variées, magnifiques & dignes d'Elles, ce n'a été qu'en vue de flatter leur propre gloire, & d'annoncer à toute l'Europe, que les *Princes de Bourbon* regardent comme leurs égaux, leurs alliés, leurs amis, les descendans du *Czar Pierre le Grand.*

Telle est donc la destinée des Princes, qui, parcourant les Empires étrangers à leur Patrie, rencontrent quelquefois de leurs égaux auxquels ils associent leurs vertus & les sentimens de leurs ames ; mais qui après des jouissances de tendresse sociale & mutuelle, sont à regret forcés de se séparer pour toujours, & de poser entr'eux l'intervalle immense des Mers & des Empires (1).

O généreux Prince & Princesse, l'honneur de votre Sexe, laissez, laissez couler des larmes de sensibilité : payez ce tribut sacré à la Nature, & croyez que nous partageons vos légitimes

(1) Ce fut au Château de Choisy-le-Roi, où les derniers adieux se firent.

regrets de ne plus vous revoir. Arrachez-vous des bras de l'amitié, puisque l'amour de vos sujets vous rappelle dans vos Etats éloignés. Eh! que ne vous est-il au moins possible d'imiter ce Souverain des Cieux qui disparoissant majestueusement chaque soir d'un beau jour, & après avoir parcouru l'immensité des airs, se montre de nouveau d'un éclat plus brillant encore pour ranimer tout ce qui respire & féconder la terre, puissiez-vous, dis-je, à son exemple, reparoître un jour dans nos contrées: mais au moins, Illustres Voyageurs, conservez à jamais le souvenir de cette promesse solemnelle que vous avez daigné faire à nos Augustes Souverains, même à nos Chefs Guerriers, dans ces momens où vos ames s'épanchoient par l'expression la plus vive & la plus touchante, de nous envoyer vos Enfans chéris, lorsqu'ils auront atteint l'âge de force & de raison, pour qu'à votre exemple, ils puissent à leur tour juger les grands objets que vous avez si bien appréciés dans notre Empire.

FIN.

On trouve chez le même Libraire le **DISCOURS** *prononcé dans l'Académie Impériale de Saint-Pétersbourg par M.* DOMACHNEFF, in-4°. *avec le Portrait de l'Impératrice* CATHERINE II. *à la tête.*

APPROBATION.

J'Ai lu, par ordre de Monſeigneur le Garde des Sceaux, un Manuſcrit intitulé : *Diſcours ſur l'Utilité & les Avantages que les Princes peuvent retirer de leurs Voyages, &c. par M. l'Abbé de Luberſac.* Cet Ouvrage intéreſſant par ſon objet, le devient doublement par le mérite & la réputation faite de l'Auteur ; & je crois que rien ne peut en empêcher l'impreſſion. A Paris, ce 20 Juillet 1782.

GUYOT.

ERRATA.

EPITRE.

Page vij, ligne 15, *précédés*, liſez *précédé.*

INTRODUCTION.

Page ix, ligne 8, poſtérités futures, *liſez* à la poſtérité.
xiv, lig. 9, Apologiſtes, *liſez* Panégyriſtes.
xxj, lig. 19, l'énernie, *liſez* l'énergie.
xxij lig. 3, de l'humanité, *liſez* des vues d'un grand Prince.
xxiij, lig. 19, à cauſe, &c. *liſez* que ſon âge de plus de trente ans rendoit critique.

PREMIER DISCOURS.

Page 11, ligne 6, notre, *liſez* mon.
13, lig. 12, qu'on peut admirer, *liſez* & qui forcent l'admiration.
14, lig. 6, encouragé, *liſez* animé.
15, lig. 12, qu'inſpire, *liſez* qu'inſpirent.
25, lig. 27, de pitié, *liſez* d'indifférence.

Page 39, lig. 4, Gamma, *lisez* Gama.
41, lig. 4, à jamais, *lisez* à retrancher.
Idem. lig. 21, fixée, *lisez* fixée, que.
45, lig. 8, de quatre, *lisez* de quatre autres.
53, lig. 26, volontés du Prince, *lisez* des Loix.
55, lig. 16, de nos jours, *lisez* encore.
61, lig. 26, mignature, *lisez* miniature,
65, lig. 7, des, *lisez* de.
67, lig. 9, Renommé, *lisez* Renommée.
83, lig. 23, l'y *supprimé.*
90, lig. 7, quand il leur plaît, *lisez* quand Sa Majesté l'ordonne,
100, lig. 7, Princesse, *lisez* Duchesse.
102, lig. 10, l'jour, *lisez* l'tour.
Idem. lig. 24, du, *lisez* d'un.
105, lig. 25, Cérisée, *lisez* Coriphée.
111, lig. 22, égaux, *lisez* semblables.

F I N.

www.ingramcontent.com/pod-product-compliance
Ingram Content Group UK Ltd.
Pitfield, Milton Keynes, MK11 3LW, UK
UKHW020146200726
13856UKWH00003B/875

9 782013 428361